Mentoring: Prática & Casos

Rosa Bernhoeft

Mentoring: Prática & Casos

Fundamental para o desenvolvimento de carreiras

Presidente
Henrique José Branco Brazão Farinha

Publisher
Eduardo Viegas Meirelles Villela

Editora
Cláudia Elissa Rondelli Ramos

Projeto Gráfico e Editoração
S4 Editorial

Capa
Listo Estúdio Design

Preparação de Texto
Sandra Scapin

Revisão
Heraldo Vaz

Impressão
Assahí Gráfica

Copyright © 2014 by Editora Évora Ltda.
Todos os direitos desta edição são reservados à Editora Évora.
Rua Sergipe, 401 – Cj. 1.310 – Consolação
São Paulo – SP – CEP 01243-906
Telefone: (11) 3562-7814/3562-7815
Site: http://www.editoraevora.com.br
E-mail: contato@editoraevora.com.br

Dados internacionais de catalogação na publicação (CIP)

B499n

Bernhoeft, Rosa Elvira Alba de

Mentoring: prática e casos: fundamental para o desenvolvimento da carreira/Rosa Bernhoeft. – São Paulo: Évora, 2014.

224 p. ; 23 cm.

ISBN: 978-85-63993-62-5

1. Mentores nos negócios. 2. Sucesso nos negócios. 3. Profissões – Desenvolvimento 4. Pessoal – Treinamento. I. Título.

CDD- 658.3124

MENTORING, EINSTEIN E A CONSTRUÇÃO DO TEMPO

Vivemos cada dia mais uma época em que os avanços tecnológicos, acrescidos de modismos, ansiedade ou busca de rapidez, estimulam e valorizam as comunicações virtuais. Além disso, também as pessoas, não se importando muito se estão próximas ou distantes fisicamente, interagem cada vez mais por meio das vias eletrônicas. E este é um fenômeno que ocorre tanto no universo da vida pessoal dos indivíduos quanto no mundo corporativo.

Em paralelo a todo esse cenário, também merece registro o significativo aumento da longevidade do ser humano. Isso é percebido não apenas no prolongamento da existência, mas na maior qualidade de vida ativa que o acompanha, exigindo um reinventar-se constante para encontrar novos sentidos para uma vida mais longa, produtiva e com qualidade. Ou seja, exige um processo permanente de reflexão e educação.

Visto assim, de longe, esses fenômenos parecem ser largamente positivos. Pessoas se comunicando cada vez mais e vivendo mais e melhor. Quem poderia levantar alguma crítica a tais avanços?

Com essas conquistas, porém, surgiram desafios. Um deles é paradoxal: quanto mais tempo a moderna tecnologia outorga a nós, humanos, menos habilidosos nos mostramos em lidar com ele. Notadamente no plano profissional, exigimos que os resultados surjam em prazos cada vez mais exíguos. Planejar no médio prazo nos parece uma temeridade; a longo prazo, uma excentricidade.

Esse modo de agir tem seu preço. Passamos a confiar mais nos impulsos do que na reflexão. Trocamos a ponderação pela ansiedade. As "ordens de cima" desabam sobre o conhecimento prático daqueles que estão diretamente envolvidos no negócio. E, o que toca diretamente o objeto deste livro, a experiência acumulada pelas pessoas mais maduras, com as dores dos erros e os frutos dos acertos, é descartada com uma insistência preocupante.

Segundo Albert Einstein, "não se pode resolver os problemas com o mesmo tipo de pensamento usado quando os criamos".

Esta pequena introdução de mudanças e desafios da vida moderna demonstra a importância do Mentoring, como uma ferramenta que estimula o autodesenvolvimento do ser humano.

Esse processo resgata a importância do contato pessoal, olho no olho, e da construção de um diálogo franco, comprometido e, de certa forma, compassivo, como forma de reflexão e aprendizagem. Ou seja, aproxima e compromete de uma forma efetiva pessoas que carregam diferentes pesos em sua bagagem de vida.

O Mentoring demonstra que o autodesenvolvimento é um processo permanente e o incentiva e enriquece. Não está restrito a questões etárias entre Mentor e Mentorado. É uma troca, na qual o estímulo maior é que cada indivíduo se aproprie de sua própria história, de sua biografia e de seu projeto de vida. E admite o processo de mudança como uma constante, já alertado por Einstein.

Em suma, esta é a razão deste livro.

Ele aborda, maneira conceitual tanto quanto prática, por meio de um roteiro e casos reais, o processo de Mentoring.

Em tempo: Rosa Bernhoeft é minha esposa já há 48 ricos anos. Nossa vida em comum sempre foi repleta de descobertas, renovações e conquistas. Além da cumplicidade e do carinho que os casamentos felizes proporcionam, sempre nos dedicamos como mentores um do outro. Valorizamos nossas experiências e ajudamo-nos mutuamente a processá-las e a extrair delas profundos significados. Sempre nos empurramos para o futuro. Posso atestar, também pelo lado pessoal, que o Mentoring funciona.

RENATO BERNHOEFT
Fundador e presidente da Höft Consultoria, especializada em sucessões familiares. Atua como consultor e palestrante no Brasil e no exterior. É articulista e autor de 16 livros sobre empresas familiares, sociedades empresariais e qualidade de vida.

PREFÁCIO

Desde que a história do nosso Brasil latino-cristão começou a ser escrita, há cinco séculos, registra-se em suas páginas um mesmo bordão: aqui é o país do futuro. Seríamos uma espécie de Eldorado potencial, um eterno "vir a ser", um gigante belo e forte, um impávido colosso cujo futuro espelharia toda essa grandeza. Se antes nossa economia não crescia, nossos carros pareciam mais caros e piores que os dos norte-americanos e europeus, nossas indústrias eram menos competitivas, nossa internet era mais lenta, tudo isso era lamentável, mas nos consolávamos por acreditar que chegaria o dia em que tudo se resolveria e seríamos tão competentes e relevantes como eles.

Então, para nossa surpresa, finalmente aconteceu. O futuro chegou. Ele está aqui, hoje! Chegamos lá! Nunca estivemos tão bem no cenário mundial. Estamos exportando, nossas empresas se transformam em multinacionais, há inúmeras oportunidades se abrindo, centenas de grandes corporações estão vindo para cá... O mundo olha para nós com respeito e até admiração. A possibilidade de termos uma fatia gorda das riquezas globais agora é real e, internamente, também estamos mudados: nos últimos dez anos, uma redistribuição de riquezas fez surgir aqui um dos maiores contingentes de classe média de todo o mundo.

Mas estamos de fato preparados para tirar proveito dessas imensas oportunidades que se abrem? Agora, que as demandas da economia global já não são mais meros potenciais e se mostram concretas diante de nós, temos o estofo necessário para atendê-las? Um levantamento recente do Pisa, o Programa Internacional de Avaliação de Alunos, que compara a performance dos estudantes de 68 países, trouxe más notícias. O Brasil classificou-se na 49ª posição no desempenho em Leitura e Ciências e na 53ª em Matemática. Ficamos atrás da Colômbia, de Trinidad-Tobago, da Jordânia e de outros países que não frequentam o clube das nações mais ricas.

É esse o calcanhar de Aquiles deste "gigante pela própria natureza": a educação. E não se está falando da má performance de alunos do segundo grau. Quatro em cada dez graduados nas universidades brasileiras são analfabetos funcionais, ou seja, são incapazes de ler um texto e compreender o seu significado, de distinguir fato de opinião, e, no campo da matemática, de realizar operações básicas, como regra de três.

Ao chegarmos nesse tão esperado futuro, nos vimos em uma armadilha. Temos hoje todas as condições econômicas conjunturais para dar um salto de modernidade inédito em nossa história, mas um largo contingente de trabalhadores, que deveriam estar no auge da sua capacidade de produzir e de criar, encontra-se com os músculos intelectuais atrofiados por falta de formação educacional básica. Corremos, portanto, o risco de experimentarmos mais uma amarga frustração, de sermos incapazes de atravessar essa porta, que está aberta diante de nós, por falta de formação.

Pela sua grandiosidade, a iniciativa de revolucionar o ensino em todo o Brasil cabe principalmente às autoridades governamentais. Mas há uma grande, exclusiva e urgente tarefa que deve ser assumida pela iniciativa privada neste país. Essa tarefa consiste em as organizações redistribuírem internamente, de maneira organizada, o capital de conhecimento de que dispõem. Em outras palavras, consiste em promoverem a troca dos conhecimentos que acumularam ao longo de sua trajetória – muitas vezes em um desafiador processo de erros e acertos – entre os seus empregados mais experientes e aqueles que iniciam suas carreiras ou acabaram de ascender a novas responsabilidades.

Não há maneira mais eficaz nem menos dispendiosa de executar essa tarefa que não seja o processo de mentoring, prática a respeito da qual este livro trata em detalhes. É sintomático que em países desenvolvidos, como os Estados Unidos e o Canadá, o mentoring seja uma prática quase obrigatória em universidades e empresas, já desde a década de 1970. Ali, e em vários outros países, a indicação para ser um mentor é tão natural como receber um *e-mail* corporativo ou ter à sua disposição uma mesa e uma cadeira para trabalhar.

A partir da troca de experiências entre o mentor e o seu mentorado, aumentam em muito as chances de não se repetir os erros do passado, de se preservar a cultura e a experiência adquiridas pelas gerações anteriores e de se incentivar a criatividade, assim como de se manter o ímpeto de renovação sempre presente. Essa é a maneira de se criar pontes de inteligência. Pontos de conexão entre a vivacidade de uma nova geração e toda a vitalidade de seu capital intelectual, com a base sólida da experiência e da sabedoria proporcionadas pelos embates com a vida empresarial real. Não são essas as características ideais para enfrentar as exigências da nova e favorável conjuntura que se abre diante do Brasil?

O mentoring proporciona ganhos que não se limitam aos bons resultados das organizações. Trata-se de uma prática para a vida. Talvez ele não possa ser medido imediatamente, no balanço empresarial do ano de sua implantação ou no do ano seguinte, mas talvez seja a garantia de que aquela empresa estará viva nos próximos 50 anos. Da mesma forma, o mentorado pode não ter resultados estratosféricos para mostrar à sua diretoria no fim dos tradicionais 12 meses em que é feito o processo de mentoring, mas terá reunido as condições – e estará no caminho – para, algum dia, também ser um dos diretores da empresa. E estará, certamente, no mesmo patamar que os melhores líderes empresariais do restante do mundo.

SUMÁRIO

Prefácio vii

Capítulo 1
Os novos mentores... 1

Capítulo 2
Resultados para a vida.. 11

Capítulo 3
Os primeiros passos... 31

Capítulo 4
O mentor aprende a falar, a perguntar e a ouvir............. 47

Capítulo 5
Uma história de vida.. 63

Capítulo 6
Os temas estratégicos de mentoring 79

Capítulo 7
Conversa de mentoring 117

Capítulo 8
Hora de partir...139

Capítulo 9
Construir um projeto de mentoring............................157

CAPÍTULO 10
A implantação do mentoring de forma esquemática 177

CAPÍTULO 11
Um projeto inadiável 191

CAPÍTULO 12
Uma palavra aos leitores 203

Capítulo 1

OS NOVOS MENTORES

A figura do mentor nasceu com a humanidade. Mas, nas últimas décadas, esse disseminador de conhecimento, com a ajuda do processo de mentoring, tornou-se imprescindível para o desenvolvimento de pessoas em todo o mundo, e muito especialmente do Brasil.

Em 1965, quando liderava, na Universidade da Califórnia, em Berkeley, um movimento pela liberdade de expressão política de seus colegas universitários, o estudante Jack Weinberg cunhou uma frase que traduzia com perfeição a convicção que perpassava a mente e o coração de todos os jovens da época: "Não confie em ninguém com mais de 30 anos!".

Eram tempos tumultuados aqueles dos anos 1960. Em 1968, em todo o mundo – sobretudo na França, na Alemanha, na Itália, no Japão, nos Estados Unidos, no México e no Brasil –, universitários, estudantes secundaristas e intelectuais produziam filmes, livros, passeatas, festivais de música, pichações, debates, peças teatrais, poesias, arte, bate-bocas e quebra-quebras atacando os arraigados conservadorismo, autoritarismo, intolerância e repressão cultural e sexual de políticos, patrões, professores, religiosos, pais, avós, tios e tias, que haviam crescido à época sombria da Segunda Guerra Mundial. E estes, acuados, reagiam, expulsando os jovens de casa e das escolas, censurando suas obras, prendendo-os e, em alguns países, entre os quais o Brasil, que vivia sob uma ditadura militar, até torturando-os e assassinando-os. Não parecia mesmo ser possível confiar em alguém que tivesse mais de 30 anos de idade.

Daquela "guerra de gerações" surgiram novos valores. Em oposição às regras conservadoras e a uma sociedade centrada na obediência cega à autoridade, passou-se a valorizar a autonomia e a realização pessoal, bem como a criatividade e o estabelecimento de uma cultura global, inclusiva, libertária e sem preconceitos. Ser cidadão do mundo era o mote daquela geração.

A liberdade de expressão ampliou-se velozmente. Nas escolas e universidades de melhor qualidade, passou-se a valorizar o convencimento pela persuasão e pela pesquisa em vez da imposição de regras prontas.

À medida que os libertários de 1968 iam se tornando presidentes de multinacionais, empresários, políticos, pais, mães, avôs e avós, o radical conselho – "Não confie em ninguém com mais de 30 anos" – foi perdendo naturalmente a razão de ser.

As diferenças de pontos de vista entre gerações, com todos os impasses e riquezas, não deixaram nem deixarão de existir. O que mudou é que a intolerância de outrora deu lugar à convicção de que a troca de experiências e de visões da realidade é a maneira mais eficaz para proporcionar e acelerar o progresso e tornar realidade as aspirações das pessoas, independentemente da idade que tenham.

As relações nas empresas também se transformavam. A hierarquia rígida, incontestável e monótona dava lugar aos grupos de trabalho. A progressão por tempo de serviço se aposentava e, em seu lugar, assumia a recompensa ao talento, ao esforço e ao conhecimento. O léxico empresarial adaptou-se às mudanças dos tempos: empregados passaram a ser chamados de colaboradores, colaboradores tornaram-se associados, e estes, parceiros...

É nesse novo contexto que ressurge, com força, a figura do mentor, agora em versão moderna, proativa e transformadora. Esse mentor contemporâneo estabelece uma relação de mão dupla com o seu mentorado: enquanto o orienta nas questões que terão influência decisiva em sua carreira, também absorve as novas tendências, as inquietudes e as informações desses jovens, que podem estar uma ou até duas gerações distantes da sua.

Em alguns países, esse intercâmbio de experiências evolui de uma maneira organizada, objetiva e mensurável. Trata-se do processo de mentoring, que se estrutura em reuniões periódicas, códigos de conduta, fixação de metas, registros do que foi dito, duração determinada, leituras recomendadas e outros procedimentos.

Nos Estados Unidos, na Inglaterra, no Canadá e na Austrália, participar de um processo de mentoring é algo tão necessário e desejável como é, entre nós, estudar inglês ou saber lidar com informática e navegar pelas redes sociais. Inúmeros livros, institutos, órgãos governamentais e profissionais dedicam-se a essa prática. Não deve ser uma coincidência o fato de justamente esses países estarem na linha de frente em produção intelectual, criatividade e inovação.

Nós, brasileiros, infelizmente desconhecemos essa poderosa ferramenta. E, exatamente agora, colocá-la em prática é mais oportuno do que nunca. Depois de atravessar quase cinco séculos – período em que a humanidade progrediu com a maior velocidade de toda a sua história – praticamente estacionado à margem do desenvolvimento, o Brasil vive um de seus períodos mais promissores desde que se constituiu como Nação.

Deixamos de ser meros produtores de *commodities* e estamos agregando cada vez mais valor aos nossos produtos. A distribuição de renda, no que pesem as indefensáveis desigualdades ainda presentes, jamais esteve tão perto daquela dos países desenvolvidos. O mercado interno vem adquirindo uma inédita relevância. Empresas brasileiras compram importantes ativos no exterior e despontam como líderes mundiais. Somos, hoje, um importante *player* mundial. E assim nos manteremos.

No entanto, há, ainda, um longo caminho a percorrer no que se refere ao desenvolvimento de pessoas. Serão necessárias mudanças de base, como professores com melhor formação, novos métodos didáticos e currículos mais afinados com as exigências do trabalho. As conquistas trazidas por essas mudanças servirão como firmes alicerces para um progresso social e econômico sustentável e contínuo, como aconteceu nos países asiáticos que, durante décadas, investiram séria e pesadamente na educação cidadã.

Mas não é preciso esperar sentado pela chegada dessa nova geração às organizações. Pelos atributos que tem, o processo de mentoring é capaz de promover agora mesmo um salto de qualidade no contexto empresarial. Entre suas possibilidades está a de ativar e energizar o capital de conhecimento existente, mas pouco usado, nas organizações. Isso se torna realidade à medida que se integra o conhecimento existente, colocando-o a serviço das necessidades e das motivações dos indivíduos e das empresas, ou seja, à medida que se canalizam os conhecimentos e as experiências dos indivíduos para um ganho coletivo. E já que falávamos de "conflito de gerações", o mentoring estabelece uma relação igualitária entre mestre e aprendiz, alternando esses papéis. Esse relacionamento democrático e ético é aprofundado pelos vínculos de confiança, pela vontade de servir e de apreender e pelo respeito à privacidade quanto aos temas tratados.

O processo de mentoring, definitivamente, aponta para frente. Nenhuma outra prática cria um canal mais eficiente do que este para a transmissão dos conhecimentos adquiridos por anos de erros e acertos dos membros mais seniores da organização. E ninguém pode ignorar quão importante é, estrategicamente falando, uma empresa manter, mesmo que apenas na transmissão oral, um acervo das suas boas práticas e do seu modo de fazer, a fim de que os novos entrantes tenham um desempenho turbinado por esse acervo legado por seus antecessores.

Vindo do lado contrário da estrada, os recém-chegados à organização trazem o valioso olhar da modernidade. Colocam conhecimentos recentes e formas de operar inovadoras, que apenas começaram a chegar ao mercado, à disposição daqueles que porventura possam estar imersos e limitados à sua rotina de trabalho. Enfim, trazem novas ideias.

À medida que esse processo consegue envolver de maneira positiva os integrantes interessados em transmitir o seu legado, independentemente de sua posição na hierarquia da empresa, ele cria as condições para que esta, como um todo, seja capaz de reunir conhecimento suficiente para responder às seguintes questões que hoje desafiam o cenário empresarial brasileiro:

- Como nos prepararmos para crescer em um mundo em que os recursos tendem a diminuir?
- Que habilidades e prontidões nossos integrantes devem ter para permitir o crescimento e a perpetuidade da organização?
- Onde encontraremos os talentos dos quais temos necessidade?
- Sabemos como desenvolver os talentos das pessoas que já pertencem à organização?
- Conhecemos as ferramentas disponíveis para desenvolver esses talentos? Estamos dispostos a empregá-las?
- Temos formas competentes de manter o interesse e a motivação desses talentos, assim como de preservar e disseminar internamente nosso conhecimento estratégico?
- As áreas da organização estão, hoje, muito mais voltadas para as demandas imediatas e para a sua rápida execução. Sabemos como integrar essas áreas em torno das definições estratégicas que garantam a sustentabilidade e a perenidade do negócio?
- Conhecemos as reais necessidades de desenvolvimento dos colaboradores e atendemos às suas expectativas e necessidades?

- De que maneira podemos enfrentar o baixo alinhamento com as políticas, os princípios e os valores que formam a identidade da organização diante de diferentes gerações e da diversidade de pessoas que temos em nossa empresa?

Profissionais de Recursos Humanos têm à sua disposição várias ações de gerenciamento de pessoas. O *coaching*, por exemplo, é um processo de aconselhamento e parceria que tem como objetivo desenvolver e habilitar o indivíduo para a obtenção de um nível superior de resultados e é aplicado quando se está diante de um processo de transição, quando é necessário assumir uma nova posição na estrutura ou quando é percebida a necessidade de melhorar a performance. Já o *counselling*, um processo sistemático de *feedback* que permite à pessoa reposicionar-se diante de situações críticas de relacionamento ou de desempenho, é indicado para a administração de conflitos e crises... E o *assessment*, por sua vez, cujo objetivo é alcançar uma gestão eficaz e tornar claros objetivos e metas, consiste no alinhamento de pessoas, processos e estruturas a uma estratégia definida. Mas, de todas essas ações, o mentoring é o processo que mais recursos coloca à disposição dos colaboradores, para que conduzam o seu amadurecimento profissional e pessoal.

É para esses mentores e mentorados, parceiros que buscam, juntos, tornar real o sonho de desenvolver uma vida mais significativa e proveitosa para todos, que este livro foi escrito.

Mentor, um personagem de 2.800 anos

Desde que o mundo é mundo, humanos mais velhos assumem a tarefa de orientar e instruir humanos mais jovens para os desafios da vida pessoal e da vivência produtiva. Ou, pelo menos, tentam. A etimologia da palavra "mentor" mostra isso. Mentor era o nome de um amigo e conselheiro de Ulisses, que tomou para si a responsabilidade de educar Telêmaco, enquanto seu pai participava da Guerra de Troia e de outras peripécias contadas em Odisseia, escrita por Homero, há 2.800 anos. Por ter executado com dedicação e fidelidade por 20 anos a tarefa que lhe foi confiada, Mentor mereceu passar para a história como sinônimo de guia experiente, sincero e sábio.

Ao longo da civilização humana, a relação mentor e mentorado foi institucionalizada inúmeras vezes, como no sistema social grego, por exemplo, no qual adolescentes eram orientados por adultos nas artes, nos ofícios e na política. Em religiões como o hinduísmo, o budismo e o judaísmo há a figura do discípulo que recebe instruções religiosas e morais de gurus, monges e rabinos. Ao longo da Idade Média, os aprendizes que eram aceitos nas guildas de negociantes, de artesãos e de artistas aprendiam seu ofício assistidos por profissionais qualificados, e tinham seu emprego assegurado quando adultos.

No entanto, de um modo ou de outro, essa forma de mentoring se dava com o rigor da hierarquia. O mentor dizia o que era certo, o que deveria ser feito, e ao aprendiz, calouro, noviço ou mentorado cabia abaixar a cabeça, escutar com ouvidos atentos e boa vontade, e ponto final. Não havia espaço para dúvidas ou questionamentos; estes, por sinal, eram respondidos com pancadas. Se naquela época ele já treinava as novas gerações, agora, 2.800 anos depois, o mentoring traz resultados muito melhores e menos doloridos.

Mentoring, mentor e mentorado

Há mais de duas décadas, desde que comecei a implantar os primeiros processos de mentoring junto a empresas e executivos, tive o cuidado de escolher uma terminologia que traduzisse com clareza as relações que se estabelecem nessa dinâmica, em que uma pessoa com mais maturidade profissional e outra, com menos tempo no mercado de trabalho, trocam, em pé de igualdade, suas experiências de vida e de carreira.

A decisão de manter a designação "mentoring", em inglês, foi tomada em razão de esse nome já ser razoavelmente conhecido em RH, posto que se desenvolve de maneira vigorosa em outros países.

A denominação "mentor" não representou um problema, pois a grafia é a mesma em inglês, em português e em várias outras línguas. Já o designativo "mentorado" foi proposto desde o início por uma questão de precisão. Em inglês, usam-se as palavras francesas "*protégé*", para mentorados do sexo masculino, "*protégée*", para mulheres, e, mais recentemente, o neologismo "*mentee*". Em espanhol, usam-se as designações "protegido", "discípulo" ou "aprendiz".

Por acreditarmos que, na acepção do português falado no Brasil, as palavras espanholas protegido, discípulo e aprendiz não traduzem com precisão a relação que se estabelece no mentoring, no qual o mentor não é nem protetor, nem professor, nem mestre, mas sim alguém que estabelece uma relação em que há uma troca real de experiências e de reflexões em um nível de igualdade, rejeitamos tal sugestão. E quanto ao termo *mentee*, sua sonoridade e grafia pouco usuais para os ouvidos e olhos brasileiros (pronuncia-se "mentí"), certamente causaria estranheza e, até mesmo, uma cacofonia, que lembraria, desconfortavelmente, a primeira pessoa do singular do verbo "mentir", no pretérito perfeito.

Por esses motivos, estamos convencidos de que os termos "mentoring", "mentor" e "mentorado" são os que melhor se aplicam para essa ferramenta.

História real
O MENTOR E A EQUILIBRISTA

José Arcádio não se considerava um homem machista. "Sempre incentivei minha mulher, Úrsula, a progredir em seu trabalho e me regozijei com as vitórias profissionais dela", contava. Tiveram uma filha, Amaranta. "Eu a tratei com amor, me preocupei verdadeiramente com a felicidade dela", repetia para os amigos mais próximos. Dizia ter orgulho de nunca ter tentado impingir à filha seus desejos e sonhos, mas sim a incentivado e lhe dado os instrumentos para que ela descobrisse, por si mesma, as delícias e as dores de fazer e seguir suas próprias escolhas.

Houve um momento em que Remédios atravessou o seu caminho, e o da sua família. Remédios, nome que soava pouco usual para os ouvidos brasileiros, era uma colega de trabalho. Nascida de pais colombianos e mais de vinte anos mais nova que José Arcádio, era jovem, vibrante e linda. A mulher, a filha e os parentes condenaram o que lhes parecia a aventura leviana de um "velho sátiro inconformado com a decadência da maturidade dos 50 anos", como dizia Úrsula, com sarcasmo.

Mas Remédios não o via assim. Apaixonada, aceitou o convite para morarem juntos. José Arcádio se sentia feliz e repleto de energia. Úrsula não podia nem ouvir o nome dela ou o dele. Amaranta nunca visitou o pai. Via-o raramente, em rápidos almoços domingueiros em restaurantes. Em muitas dessas ocasiões, a refeição tornara-se amarga, com acusações da filha de que ele, mesmo antes de Remédios surgir em sua vida, era um pai e um marido ausente. Nunca se preocupara de fato com o que ela e a mãe viviam. Com a desculpa de que as queria autônomas, não lhes dava apoio, não as acolhia, falhava como conselheiro, tutor, pai e amante. Com o garfo na mão, José Arcádio engolia aquelas acusações, mas não conseguia se ver como a figura cinzenta que a filha lhe apresentava. Sempre se julgara um homem bom.

Os anos passaram. José Arcádio progrediu na organização, chegou ao cargo de diretor. Contribuía financeiramente com a ex-esposa e filha de maneira generosa. Escola particular, tratamentos dentários, troca do carro, plano de saúde, intercâmbio, cursos. Mas a raiva da ex-mulher e o ressentimento da filha os afastaram emocionalmente de uma maneira quase definitiva. O segundo casamento chegou ao fim depois de cinco anos. Remédios mudara-se para a Colômbia. Dizia-se que ela havia se casado de novo.

Apesar desses desafios em sua vida pessoal, José Arcádio não se sentia infeliz. Dedicava-se ao trabalho e gerenciava com cuidado sua carreira. Era querido e admirado pelos seus pares. Seus subordinados o viam como um líder e uma inspiração. Pediam conselhos, orientação. O RH convidou-o para integrar, como mentor, o programa de mentoring que estava sendo iniciado na organização. O diretor aceitou prontamente, pois acreditava nos benefícios dessa dinâmica. Ele mesmo tinha o seu mentor externo à companhia, Aureliano.

O RH deu início ao processo de mentoring. Foram feitas as reuniões preparatórias com os futuros mentores e mentorados. Estes últimos eram quase todos jovens *trainees* e estavam em uma faixa de idade entre 25 e 30 anos. Eram solteiros ou recém-casados. Rebeca, engenheira de produção, estava fora dessa curva. Aos 35 anos, era mãe de uma menina de 8 anos e de um garoto de 4. Interrompera a carreira quando nasceu a filha e só agora voltava ao mercado. Seu marido, jornalista, trabalhava como *free-lancer*. Viajava com frequência e nem sempre recebia o suficiente para contribuir com as despesas da casa.

José Arcádio e Rebeca formaram uma dupla de mentoring. O relacionamento foi rico e significativo. Os dois se entregaram com seriedade e entusiasmo aos encontros e às discussões. Se José Arcádio tivesse alguma dúvida de que o processo de mentoring é tão benéfico para o mentor quanto para o mentorado, este teria terminado logo nos primeiros dos onze encontros programados entre os dois.

Por conta do contrato de confidencialidade que vigora no mentoring, José Arcádio não poderia revelar o teor de suas conversas ao seu mentor, Aureliano. Mas o mergulho na mente e no modo de funcionar de uma jovem mulher com responsabilidades familiares e profissionais pesadas foi como uma epifania. A revelação da natureza essencial de algo que talvez já tivesse ouvido muitas vezes, mas nunca a realizado integralmente.

A sensação foi tão intensa, que José Arcádio se sentiu perturbado, e revelou isso ao seu mentor: "Aureliano, se eu tivesse ouvido essas conversas que escutei da minha mentorada, sobre as angústias femininas, sobre a necessidade de aceitação e de apoio dentro de casa, sobre toda a angústia da mulher que é mãe, esposa, filha, trabalhadora... Se eu conseguisse ter uma conversa dessas com a minha mulher ou com a minha filha, eu teria outra visão do mundo em que elas vivem. Talvez nossa relação tivesse outra qualidade".

Ele continuou: "Minha mentorada me apresentou uma metáfora que me deu uma mostra dessa maneira feminina de lidar com os diversos papéis que lhes são dados: mães, filhas, esposas, profissionais. Comparou a lida feminina com a de uma equilibrista de circo, que mantém vários pratos girando em pontas de varas. Os pratos giram, velozes, mas a cada momento um deles começa a bambolear, exigindo que a equilibrista corra até ele e dê impulso na vara, para equilibrá-lo. Assim que ele se estabiliza, outro prato ameaça cair. Nessa função, ela passa 365 dias ao ano, todos os anos da sua vida. Os pratos são as relações não só com filhos, pais, marido e patrão, mas também com o vizinho, a sogra, o cachorro, as amigas... Para as mulheres, dizia minha mentorada, não basta que os pratos não caiam. Eles têm de girar brilhantemente, em um equilíbrio irreprochável. Elas sabem que essa estabilidade perfeita é impossível, mas se o companheiro lhes diz, 'Ora, deixe cair alguns pratos', se sentem incompreendidas e acham que seu esforço é desvalorizado".

Aureliano sorriu e brincou com o seu mentorado. "Se você repetir o que acabou de me falar para qualquer mulher, vai ver os olhos delas brilhando de alegria por se sentirem tão compreendidas". Os dois riram, divertidos, mas Aureliano disse mais: "A troca de experiências entre o mentor e mentorado é uma das relações mais fortes que duas pessoas podem estabelecer. Elas não são necessariamente amigas, não têm uma relação afetiva, nem são parentes ou namorados. É outra configuração, sem o apego e as cobranças que as demais relações impõem. São duas pessoas que se expõem plenamente, intermediadas por um contrato de fidelidade. E essa relação, para ser produtiva, tem a autenticidade como ponto central. São infinitas as possibilidades criadas em uma cultura de mentoring. Quando uma organização a implanta, reconhece que há ali, entre seus integrantes, uma sabedoria, uma bondade, uma capacidade de servir e uma compaixão que acolhe um ao outro".

E o mentor concluiu: "Essas qualidades são essencialmente boas e reconhecidas e apreciadas em qualquer cultura, por qualquer pessoa, independentemente de gênero, idade, raça e origem".

Capítulo 2

RESULTADOS PARA A VIDA

Entre as práticas de gestão de pessoas existentes, o mentoring é capaz de tocar questões concernentes tanto ao plano profissional quanto ao pessoal. E os candidatos a mentor e a mentorado devem estar dispostos a engajarem-se em uma relação em que haja total confiança e franqueza.

Mentoring é uma ferramenta que as empresas usam para tornar as pessoas que nelas trabalham profissionais mais maduros, capazes de crescer e de gerar mais valor e qualidade para os negócios. Em outras palavras, mentoring é uma fábrica de líderes.

De um lado, há o mentor: alguém experiente, com uma carreira consolidada, líder em sua área, com motivação e entusiasmo para explicar, demonstrar, aconselhar e ouvir pessoas com menos experiência e tempo de estrada do que ele. Do outro, o mentorado: em geral, um jovem e promissor talento, que, para que o mentoring deslanche, deve ter humildade e sabedoria suficientes para entender que ainda tem o que aprender ouvindo a voz da experiência. Essa qualidade – reconhecer que não está ainda completamente formado como profissional – é o primeiro e fundamental passo no caminho de tornar-se um líder.

O mentoring, como vem sendo hoje praticado, é uma relação em muitos aspectos mais rica e estimulante do que aquelas estabelecidas entre professor e aluno, mestre e aprendiz ou até mesmo pais e filhos. A mágica que torna o mentoring uma experiência poderosa é simples: para que todo o seu potencial se manifeste, qualquer precedência hierárquica determinada por idade, fama ou conhecimento deve ser deixada totalmente de lado. Na dupla mentor e mentorado não há diferenças, nem mestre nem aluno. Somente assim as dúvidas podem ser levantadas sem censura, as fraquezas confessadas e os sonhos levados a sério.

Há várias instâncias em que se pode praticar o mentoring: no âmbito familiar, em um contexto pessoal, em atividades assistencialistas, e, como já foi dito, no ambiente empresarial. Neste livro, abordaremos os diversos passos, necessidades, riscos, nuances e ganhos da relação entre mentor e mentorado exclusivamente do ponto de vista profissional.

Quando a prática do mentoring se dá em um ambiente empresarial, ela vai além de um treinamento que visa exclusivamente à melhora da performance do mentorado ou à sua preparação para um futuro posto de maior responsabilidade. Essas questões, claro, estão no radar, mas o mentoring é muito mais. Essa prática deve ser entendida como uma parceria que busca resultados para a vida e para a carreira, com vistas à ampliação de horizontes, à consolidação de novas alternativas e ao encorajamento, tanto do mentorado quanto do mentor, no que concerne à superação dos limites que ambos acreditavam serem impeditivos para o seu crescimento.

O mentoring, portanto, transcende os resultados e o atendimento das necessidades mais imediatas de uma organização, como o fazem instrumentos como *coaching*, *assessment* e *counselling*. Assentado em técnicas e metodologias voltadas para o desenvolvimento de habilidades intrínsecas de líderes, o mentoring patrocina uma profunda transformação de todos os envolvidos. Por colocar lado a lado e em pé de igualdade indivíduos com *know-how* e *backgrounds* diversos, essa dinâmica incentiva neles o desenvolvimento de qualidades como curiosidade, experimentação, inovação e recriação.

O QUE O MENTORING PODE FAZER PELO MENTOR E PELO MENTORADO

O consultor norte-americano F. John Reh, autor de inúmeros livros sobre gestão de carreira, diz que ter um bom mentor é um dos ativos mais valiosos que alguém pode adicionar à própria carreira. Mas por que um mentoring poderia ser mais relevante do que um bom curso de MBA, a participação na abertura de um novo mercado, uma boa experiência em uma multinacional ou um período de trabalho fora do país?

Além da constatação imediata de que, nesse processo, o mentorado pode contar com a presença, em regime de exclusividade, de alguém sinceramente interessado em seu sucesso pessoal e profissional, as ações de mentoring podem ter grande repercussão em momentos críticos da vida ou de crescimento pelos quais todos nós passamos.

Durante a nossa existência, experimentamos inúmeras transformações; mas, de modo geral, elas se encaixam em uma dessas instâncias:

- Momento de crise.
- Momento de transição.
- Momento de afirmação.

Um momento de crise pode ocorrer, por exemplo, quando nosso trabalho ou prestígio profissional estão ameaçados, ou quando a saúde ou o casamento estão debilitados. O momento de transição pode surgir quando iniciamos nossa vida profissional, deixamos a casa dos nossos pais ou decidimos jogar tudo para o alto e colocar o pé na estrada. Ele também acontece quando aceitamos um convite para uma nova função profissional, para a qual ainda não nos sentimos inteiramente preparados. O momento de afirmação ocorre quando nos tornamos seniores e temos um grande desejo de repartir nossas experiências, seja por termos uma motivação sincera de servir aos nossos semelhantes, porque precisamos formar nossos sucessores na empresa, seja por simples vaidade, porque nos achamos o suprassumo da inteligência e queremos ser vistos como tal.

Nessas fases, a vida profissional e a pessoal costumam se entrelaçar. Momentos de crise no trabalho costumam respingar em nossos relacionamentos privados; aliás, estes podem ser a causa de dificuldades na vida corporativa. Mudanças de trabalho, de cargo e de funções também provocam ondas de impacto que atingem a família e outros relacionamentos fora do escritório. E a fase da difusão costuma coincidir com o período de maturidade, que traz em si dores e delícias.

Entre todas as práticas voltadas para o desenvolvimento de pessoas, o mentoring é capaz de transitar exatamente por essa bola dividida entre a dinâmica individual e a corporativa. E é essa capacidade que o torna tão efetivo. O mentoring, portanto, costuma surgir na vida dos profissionais mais novos quando estes estão passando por um importante momento de transição ou de crise, e é capaz de empolgar os mais experientes, quando estes estão prontos e desejosos de difundir seus conhecimentos. Juntam-se, dessa maneira, a fome de conhecimento com a vontade de nutrir.

E quanto ao mentor? O que ele ganha? Altruísmo, solidariedade, o prazer de legar o melhor de sua experiência para as futuras gerações são sentimentos capazes de gratificar integralmente aqueles que estão nessa fase generosa da vida. Se isso não bastar, o mentoring também proporciona recompensas mais palpáveis, como a construção ou a confirmação do seu prestígio perante os demais integrantes da empresa, a consolidação do seu papel de *role-modeling*. Mas proporciona, principalmente, a oportunidade de experimentar um novo começo, uma nova visão, e de rever certezas e vislumbrar novas oportunidades.

Nesse contato com um colega mais jovem, o mentor tem a rara oportunidade de aprender a olhar com os olhos do outro, de conhecer os dilemas de uma geração mais jovem e, muitas vezes, de voltar a refletir sobre suas próprias dúvidas e dilemas que, quando jovem, não foi capaz de resolver. São resultados que ele, mesmo estando em uma altitude profissional diversa daquela do seu mentorado, pode incorporar ao seu portfólio de estratégias.

E mais: como se sabe, o mundo dá voltas inesperadas. Ter um bom relacionamento e o respeito de jovens talentos em ascensão pode ser uma garantia de manutenção das conquistas profissionais e mesmo de um convite, quando seus mentorados galgarem posições de direção, para uma posição de trabalho relevante no futuro.

Se nos processos de mentoring o mentorado é alguém com menos experiência que o seu mentor ou precisa encontrar um profissional que lhe facilite a aquisição de habilidades que ele não dispõe, isso não significa obrigatoriamente que ele seja um recém-formado totalmente inexperiente. Do *trainee* ao profissional sênior que é cogitado para a posição de CEO em uma grande empresa, todos, em qualquer fase da carreira, podem tirar grande proveito do mentoring na condição de mentorado. Mas é preciso entender com cuidado essa relação. Ninguém é um livro em branco; mesmo quando se é jovem, as pessoas têm suas opiniões, crenças e metas e podem acreditar nelas com forte determinação.

Portanto, um mentor habilidoso deve ser capaz de propiciar as condições ambientais necessárias ao seu mentorado, sem negar ou ignorar as crenças dele. Isso lhe permitirá evoluir para um estado mental mais enriquecedor, sendo capaz de absorver conhecimentos e de ver-se de uma maneira construtivamente crítica. Para isso, o mentor deve delinear um espaço confiável e seguro, no qual o mentorado poderá expressar suas dúvidas, necessidades e expectativas. Também deve escutar o mentorado de maneira ativa e fazer sugestões, que lhe permitirão desenvolver pensamentos e posturas mais estratégicas.

A experiência mostra que o resultado de um mentoring bem-sucedido proporciona uma significativa melhoria na capacidade de o mentorado questionar as suas ações e as de seus parceiros e líderes na empresa. Ele passa a dar o melhor de si em seus próprios projetos, sendo capaz, ainda, de mudar suas crenças e modelos mentais, tornando-se mais maleável, ágil e criativo nas tarefas executivas. O mentorado também adquire mais clareza sobre suas necessidades, torna-se mais atento às oportunidades e mais objetivo nas soluções que propõe, sendo suas ações mais assertivas e sua capacidade para aferir resultados de seu desempenho e de suas ações, mais desenvolvida.

POR QUE AS ORGANIZAÇÕES PRECISAM DO MENTORING

Implantar um processo de mentoring é uma decisão que só organizações de vanguarda costumam tomar. Apenas empresas de visão, capazes de avaliar criticamente o próprio desempenho e com o destemor necessário para renovar suas práticas, terão a determinação necessária para mergulhar nessa prática em toda a sua profundidade. Não é difícil entender o motivo. O mentoring, de alguma maneira, subverte os conceitos tradicionais de poder dentro das organizações e exige uma dinâmica criativa e moderna de desenvolvimento de pessoas e de progressão na carreira. Imaginar, por exemplo, que um vice-presidente de operações sênior de uma grande organização poderá, por um ano, formar dupla com um jovem de 24 anos, situado três camadas hierárquicas abaixo de si e recém-saído da universidade, soaria totalmente inadequado para cabeças conservadoras. E mais: se nos lembrarmos que esse jovem terá o direito de recusar a oferta desse importante vice-presidente como seu mentor ou até dar-lhe um puxão de orelhas, caso ele negligencie seus compromissos no mentoring, ficará ainda mais claro quão flexível devem ser tais organizações.

Além disso, um mentoring só é capaz de trazer bons resultados caso a direção tenha uma avaliação clara das forças e fraquezas que residem nos quadros da organização e do que é necessário transformar para atingir seus objetivos finais. Assim, antes de iniciar o mentoring é preciso saber: quais são os conhecimentos estratégicos que se quer alcançar e multiplicar; quem são as pessoas na organização que os detêm; quais são os comportamentos que formam a base cultural da empresa e precisam ser preservados e quais devem ser evitados; qual é a urgência de elevar a capacidade das pessoas e em quem será necessário investir.

Processo de oxigenação

O que a observação da realidade mostra de maneira clara é que as empresas que almejam se perpetuar no mercado, sejam tradicionalistas ou arrojadas, precisam, sim, de algum processo de mentoring. Isso porque as corporações não podem deixar de criar um eficiente *pipeline* que as abasteça de maneira contínua, tanto com líderes quanto com candidatos a líder. E o mentoring é um dos processos mais eficientes para manter esse processo de constante renovação em circulação. Como um coração, que garante o fornecimento constante de sangue oxigenado ao organismo, assegurando sua sobrevivência.

Uma vez que uma organização implanta e leva à frente com competência o mentoring, estabelece-se entre os seus líderes e demais colaboradores uma revigorante relação de confiança e de troca construtiva de experiências. Essa prática trará como resultado uma grande riqueza de experiências e de progresso para as pessoas, além de injetar uma dose extra de estâmina na energia empresarial. E, talvez o mais importante, é que, nessa troca de sabedorias, tanto a cultura quanto a memória da empresa são, simultaneamente, absorvidas, reprocessadas e adaptadas aos novos tempos. Um processo dialético no qual os princípios daquela empresa em particular são verificados diante da realidade de mercado, questionados, transformados e, finalmente, validados pelos mentores e mentorados.

Há várias réguas para medir esses bons resultados proporcionados pela prática do mentoring. A respeito delas, falaremos com detalhes mais à frente.

O papel do mentor

É fundamental que candidatos a mentor saibam exatamente qual será o seu papel e quais os desafios e as realizações essa função lhes apresentará. Ser o mentor de alguém é um compromisso que exige um efetivo empenho. O ponto central do mentoring é influenciar a maneira de agir e de pensar de um indivíduo, especialmente no plano profissional, mas não há como evitar que a construção de uma nova postura no ambiente de trabalho extrapole para a vida privada e, de alguma forma, também influencie as crenças e o modo de agir do mentorado.

Está mais do que comprovado quão benéfico esse processo será para o mentorado, para o mentor e para a organização. Mas não é difícil imaginar a extensão dos prejuízos que uma relação conflituosa entre mentor e mentorado pode provocar. É uma tarefa delicada; afinal, é dela que irão surgir os futuros líderes empresariais que, por sua vez, terão influência sobre o destino de incontáveis pessoas.

O PODER DA MOTIVAÇÃO

O ponto de partida para um mentoring efetivo está na reflexão profunda e sincera sobre o que, de fato, motiva uma pessoa a ser mentora de outra. As respostas para essa questão podem assumir várias formas, mas sua essência deve ser uma só: o sincero desejo de investir seu tempo e sua experiência para servir ao outro. O desejo de esforçar-se para promover o crescimento do mentorado, de modo que este conquiste a motivação e os instrumentos necessários para também servir aos outros, quer se trate de pessoas ou de organizações. Candidatar-se ao papel de mentor movido apenas pela vaidade ou pelo desejo de conquistar prestígio para si trará consequências desastrosas para todos os envolvidos.

A ARTE DA PRÁTICA

Além da motivação, o futuro mentor também deve verificar se possui as habilidades práticas necessárias para a função. De modo geral, o mentor deve dispor de habilidades que o ajudem a:

- Contextualizar a demanda do mentorado.
- Criar uma relação de aconselhamento positiva e um clima propício para uma comunicação franca.
- Ajudar o mentorado a identificar os desafios, as oportunidades, os bloqueadores e os paralisadores do seu processo de evolução.
- Conduzir o mentorado no processo de soluções desses desafios.
- Dividir com o mentorado suas histórias de sucesso e de erros.
- Admitir honestamente suas eventuais limitações para atender a uma demanda do mentorado.
- Indicar, quando for o caso, outros profissionais que possam auxiliar o mentorado.
- Solicitar *feedback* do mentorado sobre o processo de mentoring.
- Preparar-se seriamente para cada encontro.
- Avaliar e dar *feedback* do progresso alcançado pelo mentorado.

EU TENHO AS QUALIDADES DE UM BOM MENTOR?

As afirmações a seguir foram elaboradas com base nas características que inúmeros mentorados apontam como necessárias a um bom processo de mentoring. É provável que nem todas se apliquem a você, mas quanto mais você identificar nessas afirmações o seu modo de agir, ou seja, quanto mais elas revelarem qualidades intrínsecas à sua personalidade, mais indicado você será para assumir o papel de mentor.

1. Demonstro de maneira clara e contínua meus valores morais e minha competência como líder.
2. No ambiente de trabalho, apresento conquistas sólidas ou acima da média.
3. Sou capaz de usar uma grande variedade de técnicas e competências para atingir meus objetivos.
4. Meus pares me consideram um especialista em minha área de atuação.
5. Estabeleço padrões elevados para mim mesmo.
6. Estou continuamente renovando meus conhecimentos em minha área de atuação.
7. Sou capaz de ouvir e de comunicar-me com os outros de maneira eficiente.
8. Demonstro gostar das minhas conquistas e da minha profissão.
9. Reconheço qualidades nos outros e as encorajo.
10. Assumo com firmeza meu compromisso de apoiar e interagir com meus colegas.
11. Sou capaz de colocar-me no lugar do outro e de entender sua visão.
12. Gosto de refletir sobre minhas próprias práticas, com o intuito de aperfeiçoá-las.
13. Gosto de ajudar os outros.
14. Tenho sensibilidade para perceber as necessidades dos outros e, em geral, identifico quando necessitam de apoio, de assistência direta ou de liberdade para atuar livremente.
15. Costumo fazer julgamentos corretos quando devo decidir sobre assuntos em que meus interesses e os de outras pessoas estão em jogo.

Estou preparado emocionalmente para ser mentor?

Quase todas as pessoas têm o impulso de ajudar o seu semelhante. Também é comum, em determinado momento da vida, querermos passar as experiências tidas e as lições aprendidas – algumas em aulas amargas – para as gerações mais novas. Quem preenche esses dois quesitos já possui as motivações básicas para ser um mentor. Mas não é suficiente. O processo de mentoring costuma exigir flexibilidade e estabilidade emocional diante das demandas, muitas vezes desafiadoras, que essa dinâmica pode apresentar.

Responder ao questionário a seguir pode dar pistas para os pontos que o mentor talvez tenha que desenvolver antes de se engajar nesse processo:

1. Estou disposto a ouvir as necessidades de outra pessoa?
2. Estou disposto a me abrir e a compartilhar minha experiência de vida?
3. Sou capaz de ajudar outra pessoa em momentos de crise?
4. Sou capaz de abrir um tempo em minha agenda para dedicar-me ao outro?
5. Disponho-me a ser questionado e indagado sobre minha experiência?
6. Sou capaz de compartilhar minhas emoções e de lidar com as do outro?
7. Sou capaz de compreender o outro sem julgá-lo?
8. Estou disposto a rever minhas crenças e prejulgamentos?
9. Sou capaz de me permitir experiências e conhecimentos novos?
10. Sou capaz de elaborar dúvidas quando só existem certezas?
11. Sou capaz de guardar segredos?
12. Sou capaz de ser paciente para ensinar?
13. Estou pronto para ver o outro ir além de mim?
14. Estou pronto para abrir caminhos e oportunidades para o outro?
15. Sei aguardar o tempo do outro para tomar uma decisão e para agir?
16. Sou capaz de demonstrar real interesse pelo sucesso do outro?
17. Sou capaz de criar relações de confiança e de apoio?
18. Sou capaz de vencer meus próprios medos de exposição e me mostrar ao outro?
19. Penso sobre o futuro com otimismo e o compartilho dessa maneira?

20. Sou capaz de falar do que observo, mesmo que a situação ou o tema seja difícil?
21. Sou capaz de falar com cuidado e elegância sobre aspectos delicados do outro?
22. Sou capaz de comemorar as conquistas do outro?
23. Sinto-me confortável com o brilho e o sucesso alheios?
24. Sei fazer perguntas e aguardar respostas?
25. Busco coerência entre o meu discurso e a minha ação?
26. Mantenho uma atitude positiva mesmo na dificuldade?
27. Sou aberto a dar e a receber *feedback*?
28. Sei dizer "não"?
29. Consigo aceitar com naturalidade a possibilidade de o meu mentorado não querer continuar comigo?
30. Aceito o desconforto do mentorado com minhas abordagens?
31. Lido com o estresse da relação de maneira tranquila e aberta?
32. Consigo expressar o meu desconforto com a quebra de compromissos do mentorado?
33. Exercito a análise crítica para a compreensão das diferentes situações?
34. Alerto meu mentorado sobre as consequências e/ou obstáculos com os quais terá de lidar?
35. Construo alternativas?
36. Expresso claramente minha recusa em participar de assuntos para os quais não me sinto preparado?
37. Tenho clareza a respeito do que quero ganhar no processo de mentoring?
38. Conheço os meus pontos fracos que podem interferir no processo de mentoring?
39. Tenho senso de humor?
40. Estou fisicamente preparado para enfrentar o processo de mentoring?

O QUE DEVE SER LEVADO EM CONTA AO SE ESCOLHER UM MENTOR?

Em um mundo como o nosso, em que qualquer assunto – de receita de bolo a aprender a pilotar um Boeing – pode ser encontrado em segundos na internet, por que alguém precisaria se incomodar em procurar um mentor para guiá-lo no desenvolvimento de sua carreira? A resposta é clara: porque um mentor de carne e osso oferece algo que nenhum computador ou livro é capaz, que é um relacionamento real, caloroso, olhos nos olhos, e o sincero interesse pelo progresso do outro.

A mais importante ligação que pode ser estabelecida entre o mentor e o seu mentorado é aquela que começa com um sentimento de empatia – processo em que alguém se identifica com outro e tenta compreender a realidade do seu ponto de vista –, ou seja, uma relação de boa vontade e de confiança mútuas. Isso é essencial no mentoring, em que as conversas e os compromissos firmados irão, muitas vezes, obrigar a mobilização de crenças e de sentimentos arraigados.

Essa relação especial pode gerar conselhos e ajuda real, quando o mentorado estiver se sentindo perdido ou confuso. Dela também podem surgir palavras de encorajamento e destemor, algo precioso quando alguém está se sentindo desencorajado e receoso de dar os passos necessários para iniciar ou transformar sua carreira.

O mentorado é quem decide

Em uma relação de mentoring, quem tem o privilégio de escolher a composição da dupla é o mentorado. Quando o processo é iniciado em uma organização e os responsáveis pela gestão de pessoas da empresa apresentam os possíveis mentores, são os mentorados quem têm a palavra final. Da mesma maneira, quando não há a mediação formal da organização, cabe ao futuro mentorado procurar alguém que faça parte da empresa ou esteja fora dela para orientá-lo em seu desenvolvimento profissional.

Seguem-se algumas recomendações de grande utilidade em ambos os casos:

1. Em primeiro lugar, deixe de lado a esperteza. Não caia na tentação de escolher um mentor dentro da empresa com o objetivo de alavancar sua carreira. Pelo código do mentoring, o mentor, por exemplo, nunca recomendará seu mentorado para uma promoção. E se houver um comitê de avaliação, o mentor não poderá falar nada em favor do seu mentorado.
2. Se a empatia não surgir no primeiro encontro, isso não quer dizer que ela não surgirá; portanto, isso não deve ser motivo de preocupação. O processo de mentoring é dinâmico e transformador, e as relações tendem a se equilibrar e se tornar ricas.

3. Se o mentor escolhido for alguém que pertence à organização, é importante que ele conheça com profundidade a cultura da empresa e seja capaz de transmiti-la.
4. Entre todos os mentores disponíveis, o mentorado deve ser encorajado a escolher alguém que ele admire profissionalmente e em quem confie a ponto de se sentir à vontade para tratar de assuntos confidenciais.
5. Envolvimentos emocionais entre mentor e mentorado são proibidos.
6. Mesmo cabendo ao mentorado a escolha de um mentor ou mentora, é mandatório que este recuse o papel, caso tenha com o mentorado qualquer tipo de envolvimento que vá além da esfera profissional ou suspeite de que tal envolvimento possa existir.
7. É relevante informar-se se o candidato a mentor já participou de um processo de mentoring, seja na condição de mentor, seja na de mentorado. Em geral, quem já passou por essa experiência tem uma boa performance como mentor.

Estou preparado para ser um mentorado?

Há um forte consenso no mundo corporativo de que, hoje, todos precisam estar preparados para um mercado em constante transformação. Por isso, quase ninguém negará a importância do processo de mentoring. Para que o mentoring tenha sucesso, mentor e mentorado têm de se engajar com sinceridade, entusiasmo, disciplina e fé nesse relacionamento. Assim, aceitar participar dessa prática apenas porque a organização a está propondo ou porque mentoring está na moda não trará qualquer resultado positivo para o mentorado e frustrará o seu mentor.

A postura mental ideal do mentor diante desse compromisso já foi tratada neste capítulo. Quanto ao mentorado, este também deve ter, ou desenvolver, algumas prontidões para o sucesso do mentoring. Por esse motivo, relacionamos a seguir algumas questões que o mentorado deve colocar para si mesmo e responder com sinceridade. Essa reflexão poderá indicar se ele está pronto para o processo de mentoring:

1. Eu, de fato, acredito que o processo de mentoring trará alguma contribuição para o meu crescimento profissional e pessoal?

2. Está claro para mim que, nessa relação, devo me portar de maneira ativa, trocando experiências, e não apenas ser um "aluno" passivo do meu mentor?
3. Eu acredito honestamente que posso melhorar minha postura e minhas atitudes pessoais e profissionais?
4. Posso e quero dedicar tempo e energia para manter um relacionamento de mentoring?
5. Tenho, de fato, tempo disponível para o mentoring?
6. Estou com a mente aberta em relação a mim mesmo e ao meu mentor?
7. Serei capaz de conversar de maneira honesta com o meu mentor?
8. Estou disposto a ouvir e a acatar eventuais críticas que surgirem quando receber *feedback* do meu mentor?
9. Meu interesse em me empenhar pelo meu próprio crescimento e amadurecimento é sincero?
10. Estou aberto para discutir soluções racionais focadas em melhoria de relações e resultados?
11. Estou determinado a transformar em ações efetivas as lições e os *insights* surgidos no decorrer do mentoring?
12. Serei capaz de manter o compromisso e o entusiasmo pela prática ao longo de um ano?
13. Caso eu sinta que a relação não está se desenvolvendo de maneira satisfatória, serei capaz de dizer isso ao meu mentor?
14. Se eu considerar que o meu mentor não será capaz de promover o crescimento e o progresso que desejo, serei capaz de colocar um fim no relacionamento?

A ARTE DE RECEBER *FEEDBACK*

Em uma das cenas de maior impacto do filme *O advogado do diabo* (1997, dirigido por Taylor Hackford), Al Pacino, no papel do advogado John Milton, diz uma frase inesquecível: "Vaidade, o meu pecado favorito". A afirmação é ainda mais forte quando se descobre que, na trama, John Milton é satanás em pessoa. No filme, é o excesso de vaidade do personagem central, Kevin Lomax (representado por Keanu Reeves), que o leva a ver a esposa se matar e, por fim, ao seu próprio suicídio.

Pode soar excessivamente dramático citar o demônio em um livro como este, dedicado a uma prática tão pacífica quanto o mentoring, mas a intenção é enfatizar o perigo que o orgulho, assim como a pouca disposição em trocar experiências, a insistência em achar-se superior ou inferior aos outros e a vaidade trazem a qualquer relação empresarial, especialmente aquela envolvida no processo de mentoring. Mais do que um perigo, a vaidade, a autossuficiência ou a resistência ao outro tornam impossível o estabelecimento de uma relação proveitosa entre mentor e mentorado.

O mentoring, em sua essência, desafia a vaidade. Nele, obrigatoriamente, esse sentimento tem que dar lugar à consciência de que o valor está na experiência que se adquire, na experimentação e na perseverança em superar os erros e buscar os acertos.

Um dos momentos em que a vaidade e o orgulho costumam aflorar com mais força é quando se recebe o *feedback* por parte do mentor. Nesse processo, o *feedback* deve ser encarado com um presente que damos a alguém ou dele recebemos. Aqui, ao invés de julgar e criticar o outro, a intenção do *feedback* é mostrar os impedimentos, reais ou imaginados, que bloqueiam o caminho do progresso pessoal e profissional.

Não é um processo simples. Aquele que faz as considerações, na maioria das vezes o mentor, deve se esforçar para colocar de lado suas eventuais reações pessoais subjetivas diante do comportamento do mentorado. É fundamental ter em mente que as opiniões proferidas são levadas a sério e podem ter grande influência sobre o futuro do mentorado. Daí, qualquer interferência dos próprios preconceitos ou idiossincrasias precisa ser completamente anulada.

Quem recebe o *feedback* deve escutar atentamente e deixar de lado a tentação de retrucar ou de se justificar. Preocupações relativas a *status* ou a reputação podem prejudicar a forma como o *feedback* é recebido e até tornar a pessoa surda ao que lhe estiver sendo dito. Esclarecimentos devem sim ser pedidos, mas apenas para assegurar o completo entendimento do que foi dito. Ao final, quem recebeu o *feedback* deve agradecer o esforço e a contribuição da outra parte e, depois disso, decidir o que fazer com as informações recebidas.

Quando percebido por ouvidos atentos e com boa vontade, os *feedbacks* melhoram o relacionamento e o desempenho conjunto entre mentor e mentorado, além de ampliar a consciência de si por parte de quem recebeu a avaliação e de melhorar sua percepção e compreensão do outro.

História real
A METAMORFOSE DE STEFEN

Um bom exemplo de que o mentoring de fato é uma força de transformação dos envolvidos é o que aconteceu com Stefen, o engenheiro de origem alemã que trabalha naquela grande empresa da área financeira que havia contratado Adolfo para promover um processo de mentoring. A dinâmica estava ainda em seus primeiros estágios, e havia acabado de ter início a etapa em que os mentorados escolhem seus mentores. Entre aqueles que haviam se candidatado ao cargo de mentor havia um profissional de meia idade: Stefen. Carrancudo e caladão, Stefen era tratado, com todo o sentido do estereótipo, como "o Alemão". Ele havia de fato nascido na antiga Alemanha Oriental, e, embora dominasse perfeitamente o português, conservava um nítido sotaque soprado pela convivência com os pais, com quem morava e só falava na sua língua natal.

Adolfo ajudava o RH a finalizar a formação das duplas de mentor e mentorado. Estas se formavam a partir da combinação de listas tríplices feitas pelos mentorados. Como havia coincidência de nomes preferidos, algumas vezes os mentorados eram designados para mentores que não eram os de sua preferência. Quando se formaram as últimas duplas, não se pôde evitar um certo constrangimento ao se constatar que o nome de Stefen não havia sido citado em nenhuma das listas. Mas o número de mentores e mentorado era o mesmo, ou seja, estavam ali todos os pares possíveis. E "o Alemão" sobrou para uma consternada *trainee*, Elizabeth, que, Adolfo podia quase jurar, ficou com os olhos cheios de lágrimas ao receber a notícia.

Mas o que ocorreu nos meses seguintes foi surpreendente. Aquele que era considerado por todos o mentor menos desejado, o esquisitão, tansformou-se. Stefen dedicou-se inteira e honestamente à tarefa, tornando-se, no fim dos trabalhos, o melhor mentor de todo o processo, na avaliação de Adolfo. Talvez por se saber distante do padrão, também estereotipado, de brasileiro caloroso, cheio de tapinhas nas costas e beijinhos no rosto, e consciente da fama de carrancudo junto aos demais colegas de organização, ele se esforçou, transformando seu modo de agir, e trouxe benefícios claros à sua mentorada.

O "esquisitão" teve sucesso em seu papel, porque foi movido por um real e profundo propósito de desenvolver-se nessa relação. Esse é o ponto-chave para o sucesso do mentor. Além dos conhecimentos técnicos, da experiência internacional (que poucos dos colegas por ali tinham), Stefen estava ansioso em deixar seu legado, em ter relevância no seu trabalho. Na condição de mentor, queria trazer contribuições para Elizabeth, que iniciava a sua carreira.

Em todas as reuniões de avaliação conjuntas, a *trainee* dizia como a experiência estava sendo proveitosa, relatava progressos, descobertas... Stefen também avaliou de modo bastante positivo o seu período como mentor. No ano seguinte, novamente se candidatou ao papel. Adolfo apostou com um dos integrantes do RH que "o Alemão", dessa vez, entraria nas listas tríplices dos mentorados, e foi o que aconteceu.

Elizabeth foi efetivada na empresa e, no ano seguinte, casou-se, depois de três anos de noivado. Convidou Stefen para padrinho de casamento. "Ah, esses brasileiros", comentou com os pais. "Misturam amizade com trabalho, querem abraçar, convidar para ir em casa, risadinhas o tempo todo, dão beijinhos...". Aceitou o convite. Uma semana depois da cerimônia, colocou sobre a sua mesa uma foto emoldurada em que aparecia, com um sorriso radiante, abraçado com os noivos.

História real
O VICE-PRESIDENTE QUER SAIR DA ORGANIZAÇÃO

Mesmo sendo um mentor experiente e já tendo participado de vários processos de mentoring com executivos que ocupavam cargos estratégicos em empresas de grande relevância, Luís não conseguiu esconder a surpresa com o que ouviu de seu mentorado. Jorge Araçá, vice-presidente financeiro de uma grande corporação norte-americana da área de logística, logo no primeiro encontro, quando em geral as conversas são muito mais prospectivas e ainda contidas, deixou claro que estava enfrentando dificuldades na organização. Queria deixar o emprego e, para a surpresa de Luís, pediu ajuda ao seu mentor para conseguir contatos no mercado para futuras entrevistas de emprego.

Luís explicou que não poderia fazer aquilo. Estava ali para levar adiante o processo de mentoring. Preparar Jorge para obter outra colocação no mercado não era o que havia sido acertado previamente. "Além de tudo, a empresa está me pagando para mentorar o seu vice-presidente; não seria correto que eu, logo no primeiro dia, começasse a ajudá-lo a deixar o emprego", disse Luís a si mesmo.

Mentor e mentorado discutiram a questão. Luís afirmou que, caso Jorge estivesse mesmo decidido a procurar outra oportunidade no mercado, o melhor seria interromperem imediatamente o processo. Talvez fosse conveniente, também, explicar ao RH, que o havia contratado, o motivo pelo qual não levariam o mentoring adiante. Esse era um ponto delicado, pois Luís não poderia, por força do contrato de confidencialidade que mentor e mentorado sempre firmam entre si, revelar ao RH ou a qualquer outra pessoa o que era discutido nas sessões de mentoring.

Talvez por considerar que ainda não estava preparado para revelar abertamente suas intenções em deixar a organização ou porque percebera que o mentoring lhe poderia abrir novas perspectivas, Jorge recuou em suas intenções. Pediu que o mentoring continuasse, mas revelou ao mentor que já havia sido chamado pelo RH de uma empresa concorrente para uma entrevista de avaliação, na qual haveria um teste, e pediu-lhe que o preparasse para esse teste. "Não, não adianta manipular um teste", disse Luís. "Você se sairá pior na avaliação, caso não responda de maneira honesta às questões."

Enquanto a conversa se desenvolvia, Luís observava Jorge Araçá. Ele falava bem, era jovem e já ocupava um cargo de grande importância. Tinha muitos MBAs e também já havia morado nos Estados Unidos e na Europa. Mas Luís observava que, em sua eloquência, Jorge escondia alguma coisa. Algo nele mostrava que não era autêntico, que tinha suas reservas, olhando sempre para o alto e evitando o contato visual. Havia algo misterioso, que não era dito abertamente.

Em um encontro posterior, Jorge finalmente revelou mais sobre si. Contou que havia nascido em uma pequena cidade do Nordeste. Aos seis meses de idade, quando ainda era amamentado, sua mãe desapareceu de casa, seu pai partiu à procura dela, e ele nunca mais teve notícia de nenhum dos dois, tendo sido criado pelos avós. Luís viu nessa dolorosa revelação uma forte pista do motivo pelo qual Jorge não conseguia fechar um acordo afetivo com alguém. Talvez entendesse que, na eventualidade de estabelecer uma relação de afeto, esta lhe seria tirada de maneira abrupta, com a mesma violência com que lhe foi negado o seio da mãe, quando ainda era um recém-nascido. E, caso isso acontecesse, ele sofreria novamente aquela dor que nunca havia conseguido superar inteiramente.

Jorge confidenciou isso espontaneamente, sem que Luis tivesse de especular ou escarafunchar os meandros da sua mente; afinal, viviam um processo de mentoring, e não uma terapia. Mas era compreensível que uma experiência traumática como aquela pudesse ter como efeito a necessidade de Jorge se preservar nas relações que estabelecia. Algum tempo depois, Jorge deixou a organização, mas manteve algum contato com o seu antigo mentor e, mais de uma vez, disse-lhe como aquela conversa havia sido relevante e como saíra dela mais feliz por ter compreendido que poderia mudar o seu comportamento em relação aos contatos e compromissos que assumia.

Naquele ano, Luís ainda viu, em quatro oportunidades, mentorados seus saírem de organizações que o haviam contratado para desenvolver o mentoring. "Se isso se espalha pelo mercado, vou ficar com fama de agoureiro e ninguém mais vai querer os meus serviços", brincou ele com um amigo.

Uma dessas demissões, a de Heloísa, uma experiente advogada de 45 anos, chegou ao seu conhecimento quando o gestor da agora ex--empregada o chamou para conversar sobre o assunto. Heloísa havia alegado que um drama familiar exigia a sua presença e, portanto, teria de se desligar da empresa, mas nem a chefia imediata nem os demais empregados haviam entendido a atitude e queriam saber se ele tinha alguma explicação mais razoável.

O contrato de confidencialidade impedia que Luís revelasse detalhes do que havia sido tratado nas conversas com Heloísa, mas ele podia confirmar que os problemas enfrentados por ela eram os mesmos que o gestor e a diretora do RH lhe haviam relatado: que Heloísa tinha problemas com o presidente e com o seu par na empresa, que tinha um estilo profissional que ela não conseguia acompanhar.

Agora era a vez de Luís perguntar. Heloísa havia apresentado algum progresso após o processo de mentoring? "Sim", disse o gestor, "mas ainda enfrentava algumas dificuldades". Luís despediu-se, mas ficou com uma pulga atrás da orelha. De volta ao seu escritório, e após consultar suas anotações e refletir sobre o caso, Luís chegou à conclusão de que, desde o início, Heloísa estava determinada a sair da organização. E havia, inclusive, usado a empresa e a ele, o mentor, para levar adiante o seu projeto.

De repente, lembrou-se de que Heloísa sempre trazia um caderno para a reunião, no qual fazia algumas anotações durante a conversa. "Talvez registrasse o *assessment* que fazíamos, escrevendo o que ela tinha de bom e quais eram os pontos em que precisava melhorar. Devia estar preparando o discurso que faria quando fosse entrevistada por algum futuro empregador", concluiu.

Mentorados que decidem mudar de empresa durante ou logo após o mentoring não é algo nem bom nem ruim; faz parte do jogo. Afinal, o compromisso último do mentor é com o crescimento do mentorado, não com a empresa. Em um processo de *coaching*, o que se busca são resultados. Então, se um empregado quisesse discutir suas angústias quanto à sua atual posição e falar da decisão de ir embora, não encontraria campo para conversa. No mentoring, por outro lado, o objetivo é a busca do crescimento e da maturidade pessoal e profissional do mentorado, e isso é algo que pode acontecer em qualquer outra posição na empresa ou no mercado. É um processo para a vida.

Capítulo 3

OS PRIMEIROS PASSOS

Mentoring não é terapia, mas uma relação a serviço do trabalho. Por esse motivo, há nele uma liturgia de compromissos, horários e práticas que deve ser seguida seriamente. Dessa dinâmica, tanto o mentor quanto o mentorado poderão extrair o aprendizado mais significativo de suas vidas.

Não raro, as pessoas, sobretudo quando tomam contato pela primeira vez com o processo de mentoring, caem na tentação de tentar estabelecer paralelos entre essa prática e o processo de terapia. A confusão é compreensível, principalmente para o mentorado, embora os mentores também não estejam livres de confundir a mesa de reunião com um divã. Afinal, os encontros entre as duas partes podem ser mesmo bastante terapêuticos. Neles, tanto mentor quanto mentorado têm permissão para expor detalhes de sua vida privada, para falar de seus sonhos e conquistas, de seus fracassos e dúvidas e de seus medos e certezas, e para ouvir opiniões, sugestões e convites à reflexão sobre todos esses temas – tudo isso de maneira franca e sem impedimentos.

Mas há uma diferença crucial entre as duas dinâmicas: ao contrário de um psicanalista, o mentor está focado nas dificuldades ou nas necessidades que têm repercussões no ambiente profissional e na gestão da carreira de seu mentorado, e sua participação se limitará a esse contexto. O que não é pouco! Todos nós passamos grande parte da vida em atividades profissionais. Desde criança, nos preparamos com o conhecimento necessário para podermos nos expressar em atividades profissionais. Ser obrigado a trabalhar com o que não nos dá prazer é causa de infelicidades e desajustes, e, ao contrário, uma atividade profissional que nos realize é capaz de nos tornar pessoas melhores e mais otimistas.

O mentoring tem um horizonte bem mais amplo que o do *coaching*, no qual temas sem ligação direta com resultados, performance ou desenvolvimento de competências jamais são tratados. Para que o mentoring aconteça em toda a sua potencialidade, é de grande importância identificar essa diferença de foco em relação aos processos de *coaching*, de *assessment* e de demais práticas de lidar com pessoas nas organizações.

Como o objetivo do mentoring é fazer com que o mentorado atinja resultados contabilizáveis ou servir como instrumento decisório para uma promoção ou movimentação deste na hierarquia da empresa — além de permitir o planejamento e a implementação de ações que sustentem a trajetória profissional do mentorado a longo prazo —, ele deve ser entendido como uma relação exclusiva entre mentor e mentorado. Isso quer dizer que, ao serem colocados eventualmente diante da possibilidade de escolher entre os interesses da organização e os do mentorado, os parceiros devem sempre favorecer o desenvolvimento do mentorado.

UMA RELAÇÃO CONFIDENCIAL

Aquele que se dedicar profissionalmente a promover processos de mentoring em empresas ou que, ao longo de sua vida, tiver a oportunidade de atuar como mentor, certamente passará pela experiência de ouvir seu mentorado expressar o desejo em deixar a empresa ou revelar ter recebido um convite para trabalhar em uma organização concorrente. Poderá, ainda, ter conhecimento de detalhes estratégicos da gestão empresarial ou ouvir de seu mentorado revelações íntimas e pessoais, que impactam sua performance profissional.

É pelo fato de o mentoring ser uma relação tão delicada, e com particularidades que o tornam tão distinto das demais práticas de Recursos Humanos, que é imprescindível que esse processo só tenha início depois de as partes firmarem entre si um contrato a ser seguido e respeitado, como se fosse gravado na pedra, a fogo.

Antes de tudo, a confidencialidade deve estar assegurada entre as partes. O que é dito entre o mentor e o seu mentorado não deve ser de conhecimento de mais ninguém, sob pena de a relação ser suspensa imediata e irrevogavelmente em caso de indiscrição por qualquer uma das partes. Tamanho cuidado com o sigilo entre as partes tem sua razão de ser.

O espaço do mentoring só poderá promover uma troca de experiências totalmente aberta e transparente se os envolvidos tiverem certeza de que as conversas privadas permanecerão privadas. Do contrário, quem se sentirá encorajado a expor seus pontos de vista, a revelar suas dúvidas ou fraquezas ou a comentar suas derrotas se suspeitar de que, no dia seguinte, o que foi dito poderá estar sendo repetido em volta da máquina de café do escritório? Portanto, as cláusulas de confidencialidade deverão constar por escrito em um relatório que será assinado pelo mentor e pelo mentorado.

UMA LITURGIA A SER RESPEITADA

Também no contrato deverá constar o esquema geral de reuniões entre as partes. O mentoring não é um bate-papo informal entre duas pessoas; ele tem uma liturgia que deve ser respeitada e preservada. Suas reuniões não podem ser feitas em lugares informais, como um bar, um restaurante ou a casa de um de seus integrantes.

Os encontros deverão se dar no ambiente da empresa e durante o horário de trabalho, pois o mentoring é, no final das contas, uma relação a serviço do trabalho. A duração do processo e a periodicidade das reuniões também devem ser tratadas e obedecidas com rigor e, inclusive, constar nas cláusulas do contrato que as duas partes irão assinar. Em geral, o mentoring se estende por um ano, com reuniões mensais de duas horas de duração. Embora esse fluxograma seja flexível, ele não deve ser alterado após o processo ter se iniciado.

Em algumas empresas ou situações, talvez não seja possível mentor e mentorado se encontrarem presencialmente. Em casos assim, não há qualquer restrição a que as conversas se deem por telefone, por *e-mail*, pelo skype ou por qualquer outra mídia que permita a troca de mensagens.

Nos processos de mentoring em que mentores e mentorados pertencem à mesma empresa, organizam-se, em geral a cada três meses, reuniões separadas de mentores e de mentorados. São momentos de grande importância e aprendizagem para as partes. Na reunião de mentores, por exemplo, as dúvidas, os desafios, os bons resultados e os impasses vivenciados no processo podem ser expostos de maneira coletiva, permitindo um amplo debate sobre as melhores estratégias para se lidar com eles. Os mentores também poderão ter *insights* preciosos ao expor suas impressões sobre os progressos e dificuldades que enfrentam.

Já, nas reuniões, os mentorados expressam facilidades ou desafios para se expor nas reuniões com seus mentores, em encontrar os temas de conversas ou para definir em que profundidade trabalharão suas dificuldades nos encontros com seus mentores. Desses encontros, também surgem *insights* poderosos, que podem auxiliar no enfrentamento de bloqueios míticos de comunicação com os superiores ou romper as dificuldades em se posicionar diante de autoridade.

Esse trabalho pode ser coordenado pelo RH da empresa e contar com a presença do profissional responsável pela implantação do mentoring na organização. O resultado dessas reuniões é a formação de uma cultura de troca e de atualização de conhecimento, e de relações éticas e confiáveis estimuladas pela prática da comunicação aberta e franca entre os participantes.

MANTER UM DIÁRIO É OBRIGATÓRIO

Tanto o mentor quanto o mentorado devem ter um caderno específico para registrar os encontros durante o processo de mentoring. A primeira anotação a ser feita é a história de vida de cada um. O mentor escreve sobre si mesmo, para que o mentorado o conheça, e vice-versa. Esse é um exercício de forte impacto, que possibilita a construção de uma efetiva relação de confiança. Sempre que contamos por escrito a nossa história – com todos os nossos desejos, forças, fraquezas, frustrações e vitórias –, inevitavelmente refletimos de uma maneira mais profunda sobre o que de fato é significativo para a nossa trajetória e temos a oportunidade de produzir uma análise mais ponderada, com menos vaidade e exageros, do que se fizermos uma exposição oral sobre nós mesmos.

Nesse caderno, mentor e mentorado podem registrar tanto um resumo do que foi tratado nas reuniões como anotar temas e assuntos que querem tratar nas sessões. Essas anotações evitam que os assuntos levantados, muitas vezes preciosos *insights*, acabem se perdendo com o passar do tempo. Além disso, nas sessões, os dois parceiros irão combinar providências e iniciativas a serem tomadas entre um encontro e outro, e o registro do que foi tratado será precioso para conferir o progresso que se está alcançando nesses compromissos.

Finalmente, as reflexões do mentor sobre as transformações pelas quais o mentorado for passando também deverão ser anotadas nesse caderno. Esse registro será apreciado como um gesto de grande delicadeza e apreço quando o mentor, ao fim do processo de mentoring, presentear o seu mentorado com suas anotações e considerações a respeito da sua evolução profissional e pessoal ao longo do tempo em que estiveram juntos.

Não existe outra proposta de gestão de pessoas mais completa, mais integral e mais estimulante que o mentoring. E grande parte da beleza do mentoring está no fato de que tanto o mentor quanto o mentorado têm a oportunidade de extrair do processo o aprendizado mais significativo de suas vidas. É uma parceria, na mais estrita acepção do termo. Não há outra dinâmica de aprendizagem como essa, em que não há professor e aluno, mestre e pupilo. Nela, tanto o participante mais sênior quanto o menos experiente ensinam e aprendem ao mesmo tempo.

O CONTRATO DE MENTORING

Naturalmente, os contratos a serem firmados entre os participantes do processo de mentoring podem variar de acordo com cada caso. No entanto, algumas cláusulas são obrigatórias e devem constar em toda forma de compromisso assumido. É fundamental, em todas ocasiões, que haja um contrato físico que seja, de fato, assinado pelas partes. Essa formalização tem o poder de tornar a relação profissional real, e não um bate-papo ligeiro entre duas pessoas.

A seguir, um exemplo de contrato de mentoring.

Contrato de mentoring

Este contrato é estabelecido em ___/___ /___ entre _____, doravante denominado "mentor", e _____, doravante denominado "mentorado", para estabelecer o processo de mentoring, que se desenvolverá observando as seguintes cláusulas:

1. *Todas as sessões de mentoring planejadas deverão ser cumpridas mensalmente, somando 24 horas ao longo de, no máximo, 12 meses.*

2. *A troca de parceiro será possível se justificada a incompatibilidade de agendas e/ou por solicitação do mentor ou do mentorado.*

3. *A experiência de mentoring que agora se inicia é a fase inicial do processo destinado a possibilitar a identificação e a realização de resultados desejados para o desenvolvimento pessoal e profissional do mentorado. Todos os materiais utilizados neste processo são considerados* copyrighted *e poderão ser usados apenas no contexto desta experiência de mentoring e no trabalho do mentor com seu mentorado.*

4. *O mentorado concorda em comunicar-se com toda a franqueza, em estar aberto para receber* feedbacks *e em criar a energia e o tempo necessários para sua participação integral no processo.*

5. O mentor e o mentorado concordam em manter total confidencialidade verbal e escrita de todas as informações surgidas durante o processo, a menos que seja permitido pelas duas partes a divulgação de assuntos tratados nas reuniões de mentoring.
6. Devido à natureza subjetiva do trabalho que ora se inicia, o mentor não dá garantias de que resultados sejam atingidos nem se responsabiliza por eles.
7. O mentorado entende que o processo de mentoring não é uma terapia psicológica e, portanto, não a substitui, caso haja eventual necessidade de terapia psicológica.

Mentor _____ /___/___   Mentorado _____ /___/___

A FORÇA DA PRESENÇA REAL

Todos, certamente, já passamos pela desagradável experiência de falar com alguém que, mesmo estando diante de nós fisicamente, não está de fato lá. É um daqueles momentos em que conversamos com alguém que nos olha fixamente, mas sem mexer um músculo ou fazer qualquer comentário; ou espia com o canto do olho a tela do computador ou o celular; ou finge prestar atenção à conversa, enquanto escuta o que as pessoas próximas estão falando... Enfim, temos um corpo humano à nossa frente, cuja atenção e alma estão em outra parte qualquer do planeta.

Imagine quão grosseiro e desanimador deve ser isso em um processo de mentoring! Pode ser um dano irreparável nessa dinâmica que, em sua essência, é pura comunicação. Portanto, a presença de fato de ambas as partes integrantes do processo, para ouvir e falar, é algo precioso nas reuniões. Sobretudo o mentor deve ter a qualidade de "estar presente" em todas as ocasiões.

OUVIR, PERGUNTAR, FALAR

A principal ferramenta do mentor é a sua disposição interna de estar ali, diante do seu mentorado. Saber falar, perguntar e ouvir são as *expertises* necessárias para alcançar bons resultados, mas é importante também refletir sobre a necessidade de equilibrar essas três ações, já que todas têm o poder de materializar diferentes estados de espírito quando aplicadas.

Em geral, não refletimos sobre isso, mas, quando falamos com alguém, costumamos nos remeter ao passado e discorrer sobre impressões, crenças e informações que já estão instaladas em nossa mente. Então, dizemos: "Eu fiz"; "Minha opinião é a seguinte", "Eu sei fazer isso".

Já o ato de perguntar dirige o processo de comunicação na direção oposta, para o futuro. Quando colocamos algum tema em discussão por meio de uma indagação, convidamos a pessoa a considerar uma possibilidade que talvez ela não tenha ainda levado em conta ou a incitamos a decidir sobre alguma atitude que deverá assumir: "Você acha que essa é a melhor solução para essa questão?" "Como você vai fazer isso?", "Depois que você atingir essa meta, qual será o seu próximo passo?".

Ter a habilidade de ouvir é, de fato, estar presente naquele momento e com a atenção inteiramente focada no interlocutor. Ou seja, ouvir é colocar-se no tempo presente. É criar as condições propícias para que o mentorado se sinta encorajado a expor a sua situação atual, a localizar-se no tempo e no espaço em que está inserido e, a partir desse momento, estar apto a fazer escolhas e a definir as estratégias que lhe permitirão caminhar para o futuro.

Nem é preciso dizer que, nos encontros com o seu mentorado, o mentor deverá ouvir, perguntar e também falar. Afinal, também é possível perguntar sobre o passado, falar sobre o presente e ouvir alguém discorrendo sobre o futuro. Essa análise que fizemos nos parágrafos anteriores nos convida a pensar sobre a grande eficácia que pode ser alcançada por um bom ouvinte, quando permite que a outra parte discorra sobre o seu momento de vida e o compreenda melhor. Também é evidente que, ao questionarmos uma pessoa sobre seus projetos e de que modo pretende torná-los reais, isso a leva a fazer planos e a definir estratégias para o futuro. Por fim, todos sabemos que um grande falador coloca em pauta principalmente suas impressões sobre experiências pessoais e cria pouco espaço para que o outro possa se expressar, levando, assim, o outro ao início de um processo de reflexão sobre suas atitudes, algo fundamental no mentoring.

O CÓDIGO DE ÉTICA NO MENTORING

Já foi dito que a relação entre mentor e mentorado é tão poderosa que, em vários aspectos, ela se torna mais profunda e significativa do que aquelas estabelecidas com os amigos e familiares, e até mesmo com a esposa ou o marido. Devido a esse poder, essa relação merece ser cuidada com muita atenção e sensibilidade.

Mesmo sendo um relacionamento de parceria entre pessoas adultas, não devemos nos esquecer de que, entre o mentor e o mentorado, quase sempre haverá uma diferença de idade, de experiência acumulada e de expectativas de um em relação ao outro. E, se é verdade que cabe a ambos zelar pela manutenção de uma postura ética na relação, o mais realista é admitir que o mentor tem mais instrumentos para estabelecer os limites e mostrar quais são as atitudes mais apropriadas nessa relação tão preciosa.

A seguir, alguns dos pontos que devem ser observados para a construção de uma ética entre mentores e mentorados:

- **Sigilo absoluto.** Nada da conversa entre mentor e mentorado pode ser reproduzido fora do âmbito do mentoring. Qualquer transgressão que seja, mesmo se parecer um comentário inocente e casual, é razão válida para o processo ser imediatamente suspenso. O mentorado não pode comentar, no desenvolvimento de um trabalho, que seu mentor o aconselhou a fazer alguma coisa. O mentor não pode consultar alguém sobre questões levantadas por seu mentorado, mesmo se a intenção for ajudá-lo a ter progressos na carreira. O silêncio vale ouro no mentoring.

- **Respeitar o tempo do outro.** O mentorado poderá telefonar para o seu mentor à noite ou nos fins de semana, quando surgir alguma dúvida ou desejar dividir com ele um pensamento? Endereços de correio eletrônico ou outros meios de comunicação pessoais poderão ser utilizados? Com qual antecedência uma sessão poderá ser desmarcada? A fronteira entre o tempo pessoal e o profissional que estarão envolvidos no processo deve ser muito bem sinalizada entre o mentor e o mentorado. Ambos devem se lembrar de que a agenda que têm a cumprir é uma agenda de trabalho; portanto, uma certa formalidade é essencial.

- **Evitar encontros sociais.** Enquanto durar o processo de mentoring, mentor e mentorado devem evitar compartilhar ambientes e eventos informais, como festas, clubes, viagens e jantares. Isso é ainda mais verdadeiro quando um mentor externo, que não faz parte da organização, está envolvido. Nesses encontros, é inevitável que as conversas se desenvolvam de uma maneira descompromissada e que surjam fofocas e situações que possam constranger a dupla e colocar em risco a confidencialidade do mentoring.

- **Cuidado com a rádio-peão.** Também dentro da empresa, mentor e mentorado devem estar atentos aos ambientes que frequentam. Participar de conversas no cafezinho, no corredor ou no restaurante da empresa é algo a ser evitado.

- **Promoção e mentoring não andam juntos.** Há mentorados que, quando têm oportunidade de escolher seus mentores, o fazem pensando que este poderá dar um empurrãozinho na sua progressão dentro da empresa, e isso não pode acontecer. Ao mentor, é interditada a participação em qualquer comitê que eventualmente examine a possibilidade de promoção para o mentor ou de aumento salarial para ele. Também lhe é vedado recomendar ou não recomendar o mentorado para qualquer posição ou tarefa. Finalmente, o mentor nunca poderá estar na mesma linha hierárquica de seu mentorado, como ser o seu chefe direto ou o chefe de seu chefe.

- **Todos são iguais perante o mentoring.** O mentor e, também em certa medida, o mentorado, devem estar atentos ao lidar com eventuais diferenças culturais, raciais e outras. A relação que será estabelecida é de real parceria e, por esse motivo, não cabe no mentoring, por exemplo, uma atitude paternalista entre um mentor do sexo masculino e uma mentorada. As questões referentes às minorias sociais, como aquelas relacionadas a diferenças raciais, à necessidade de cuidados especiais ou a hábitos ou a comportamentos diferenciados, só devem ser levantadas e discutidas com sabedoria e boa motivação se o mentor perceber que elas afetam de maneira relevante o desenvolvimento pessoal do mentorado em relação à sua evolução profissional.

- **Em mentoring não cabe romance.** A experiência mostra que envolvimentos românticos entre mentores e mentorados não costumam trazer bons resultados para o mentoring. É verdade que há exceções – o presidente dos Estados Unidos, Barack Obama, conheceu sua mulher, Michelle, quando ela foi designada para ser sua mentora –, mas elas são de fato isso: exceções. É importante considerar que os mentores têm poder e autoridade sobre os mentorados, e isso, por si só, reduz o equilíbrio de uma possível relação amorosa. Em geral, uma relação assim pode provocar sofrimento para os mentorados.

- **Dinheiro não entra em processo de mentoring.** Por mais que pareça pouco provável, e há registros de casos assim, o mentorado poderá convidar o seu mentor a comprar alguma coisa, para investir em algum negócio ou, então, pedir-lhe emprestado algum dinheiro. Concordar com tais pedidos, certamente, arruinará essa relação, uma vez que estabelecerá imediatamente um conflito de interesses. Qualquer insinuação ou proposta de transação que ultrapasse os objetivos do mentoring deve ser imediatamente cortada pelo mentor, sob pena de o processo tornar-se inviável.

- **Não trabalhe para o mentorado.** Preparar o *curriculum vitae* do mentorado, ajudá-lo a escrever um relatório ou pesquisar fontes para a sua tese de mestrado são tarefas que, absolutamente, não cabem ao mentor. Esses trabalhos devem ser feitos pelo próprio mentorado. O mentor poderá ajudá-lo a entender o motivo de ele não conseguir fazer tais tarefas de maneira eficiente, mas tomar para si a resolução dessas obrigações só fará aumentar a dependência do mentorado e incentivá-lo à inação.

- **Procurando ajuda externa.** Como já foi dito, mentoring não é terapia e o mentor não é psicólogo. Caso o mentor perceba que as questões colocadas nas reuniões extrapolam as relações voltadas para o trabalho, deve aconselhar o mentorado a procurar ajuda especializada. Questão como alcoolismo, consumo de drogas, dificuldades com o cônjuge ou na família exigem posturas e providências que não são previstas no processo de mentoring. Mesmo bem-intencionado, o mentor poderá agravar esses conflitos caso decida ajudar o mentorado a enfrentá-los.

História real
O CIENTISTA HELL ANGEL

Alexandre Fleming Monteiro, diretor daquele imponente laboratório de uma multinacional produtora de adubos químicos, era cientista até no nome. Fora uma homenagem de seu pai, farmacêutico, ao biólogo escocês Alexander Fleming, que, entre outros feitos, descobriu a penicilina em 1928. O entusiasmo do pai pelas ciências biológicas desenhou o futuro de Alexandre desde sempre. Amoroso, mas autoritário, dirigiu, sem muitas concessões, os estudos e o comportamento do filho para torná-lo um cientista. Dono de uma inteligência brilhante, Alexandre, com o diploma de engenheiro químico, cumpriu os desejos do pai, mas pagou um preço por isso.

Mesmo se encantando, ele próprio, pelas possibilidades de novas descobertas nos campos da química e da biologia, encaramujou-se em si mesmo e em seus objetivos, recusando-se a absorver qualquer conhecimento ou habilidade que não fosse aplicável nas bancadas dos laboratórios. Essa atitude, como é fácil adivinhar, criava certas dificuldades na gestão da sua área. O laboratório era grande; cerca de 150 funcionários, quase metade deles com nível superior e diferentes níveis de especialização, e muitos deles doutores. Além disso, tinha um orçamento invejável e equipamentos de última geração.

A organização tinha visão e não se recusava a investir recursos, quase a fundo perdido, para algumas pesquisas básicas; mas, como era natural, queria que a maior parte dos resultados tivesse aplicação imediata, trouxesse lucros e a colocasse à frente da concorrência. O desenvolvimento de novos produtos, função precípua do laboratório, era vital e estratégico para aquela indústria.

"Alexandre Fleming, aos olhos da alta direção da multinacional, talvez estivesse sendo mais cientista e menos gestor", foi o que Gabriel, mentor profissional, ouviu do CEO da empresa. Alexandre era respeitado e querido pela direção, já o haviam engajado em processos de *assessment* e de *coaching*, mas, talvez, uma abordagem pelo mentoring fosse mais elucidativa e transformadora.

"O cara é bom", disse o CEO, "mas não consegue entender a estratégia do negócio; não conseguimos botá-lo pra cima. Ele tem dificuldade com as pessoas e não consegue compreender a ligação de uma coisa com a outra".

Alexandre Fleming era mesmo duro que nem pedra, com pouquíssimo jogo de cintura, como Gabriel constatou desde os primeiros encontros. A questão do pai autoritário surgiu logo nos primeiros encontros, pois o cientista já havia tirado seus esqueletos do armário em terapias anteriores. Pessoalmente, estava bem; relacionava-se de forma amorosa e atenciosa com a família e os amigos. Mas, no trabalho, não era exatamente o que se pode chamar de gestor e, de fato, tinha dificuldade em alinhar os rumos que desejava para o seu laboratório com as estratégias empresariais.

A oportunidade de trabalhar essa ligação entre o seu mundo privado e o institucional surgiu quase por acaso em um dos encontros entre Alexandre e Gabriel. O cientista vinha de uma série de viagens ao exterior e, portanto, um dia disponível para o encontro seria sábado. A reunião aconteceria no escritório de Alexandre e não no prédio que a empresa mantinha em São Paulo.

Alexandre Fleming chegou sem o *blazer* e a camisa social que usava durante a semana. Aliás, chegou surpreendentemente vestido: calça de couro, metida em uma bota alta, e jaqueta também de couro, tudo preto. Entrou e colocou o capacete de motociclista sobre a mesa. E, diante do olhar curioso de Gabriel, explicou: "Ah, é que eu tenho uma Harley Davidson; está parada aí fora".

"Ah, você é da tribo da Harley?", perguntou Gabriel. "Pois conte para mim, como é pertencer a uma tribo? Como vocês organizam seus passeios, planejam o que vão fazer? Na sua turma existem velhos, jovens, mulheres?" Ao falar do seu mundo Harley, Alexandre transformava-se em outra pessoa; deixava de ser sisudo, caladão e ressentido.

"Quando vocês saem juntos, com suas motos, as pessoas se olham e interagem, não é mesmo?". Alexandre concordou. "Na empresa, quando alguém fala alguma besteira sobre suas fórmulas ou questiona seu método de pesquisa no laboratório, você fica nervoso com a pessoa?". O cientista disse: "Claro, pois eu sei mais do que ela". "E com a sua tribo Harley, quando suas certezas e seus desejos são colocados diante das certezas e dos desejos de outras pessoas, você também reage dessa maneira?". "Lá é diferente; não sei se eles sabem mais do que eu, por isso não fico nervoso e procuro ouvir e colocar meus pontos de vista", respondeu Alexandre. "E você não acha que o Centro de Pesquisas, que você desenvolveu com tanto afinco, poderia ser como uma Harley, com uma tribo dentro?". Depois de refletir um pouco, Alexandre respondeu: "Sim, claro".

O que Gabriel tentava mostrar a seu mentorado é que muitas das habilidades e inteligências que as pessoas têm podem ser deixadas estanques, em uma esfera pessoal, sem ser trazidas para o mundo do trabalho. Esse é o olhar do mentor, que deve ir além daquilo que seu mentorado descreve no seu dia a dia profissional e que acredita ser a sua forma de se expressar no mundo institucional. O olhar atento do mentor pode reconhecer talentos que ficaram soterrados em algumas instâncias e sugerir a integração dos vários mundos em que o mentorado se desloca. Esses talentos podem ser intercambiados e proporcionar ao profissional uma visão integrada, extrapolando, no trabalho, os limites que a descrição de seu cargo pode sugerir.

No dia em que chegou à sessão de mentoring com sua roupa de couro, botas e capacete, Alexandre Fleming talvez tenha feito a sua maior descoberta. Ali, ele integrou essas duas partes dentro de si. Juntou duas inteligências que se encontravam separadas e, no momento em que fez isso, mudou completamente sua maneira de ver o trabalho que fazia, passando a ter uma visão da real extensão de suas atribuições.

História real
O VICE-PRESIDENTE ACHA QUE VAI MORRER

Coaching e mentoring são duas dinâmicas utilizadas pela área de Recursos Humanos que têm diferenças claras entre si. No processo de *coaching*, busca-se, mediante a aplicação de técnicas, obter resultados mensuráveis para o negócio e dentro dos prazos acordados. Subjetividades, como dramas pessoais, sonhos, alegrias e tristezas, não integram a pauta do *coaching*. No processo de mentoring, por outro lado, não se perde de vista a performance do mentorado, mas tem-se uma visão mais larga no tempo e mais profunda na abordagem de temas que, sim, podem ser de foro íntimo e estar fora do ambiente profissional.

Todavia, como tanto o mentoring quanto o *coaching* lidam com seres humanos, nem sempre os limites entre os aspectos profissional e humano estão rigorosamente delimitados. Profissionais experientes e habilidosos sabem disso e se veem em situações em que devem lançar mão de recursos dessas duas dinâmicas para o bem de seus *coachees* ou mentorados.

Lígia Crystal é uma dessas profissionais habilidosas, que, em uma sessão de *coaching* que comandava em uma tarde, compreendeu de maneira clara a diferença entre essa prática e o mentoring. Ela havia acabado de entrar na sala de Rodrigo, vice-presidente de operações de uma grande operadora de cartões de crédito. Chegou animada: "Boa-tarde, vamos começar nossa quarta sessão; acho que hoje será bem proveitoso, porque...". Sem concluir a frase, Lígia parou, perplexa, olhando para Rodrigo, que estava quieto, sentado em sua cadeira, cabeça baixa entre as mãos e o olhar perdido e profundamente triste. Ela nunca havia visto aquele entusiasmado e ativo vice-presidente daquela maneira.

"Você está passando mal", perguntou Lígia, de maneira contida, como um *coacher* faria. "Estou", Rodrigo respondeu. "O que você tem?". "Vou morrer hoje", Rodrigo respondeu. E Lígia, atenciosa, mas mantendo o distanciamento requerido pelo seu papel como *coach*, disse: "Então, o que posso fazer: chamar sua mulher, levá-lo a um hospital, chamar sua secretária? O que você quer?". E Rodrigo respondeu: "Não, acabei de voltar do hospital. O médico disse que não tenho nada, mas eu sei que vou morrer hoje".

"Conte para mim qual foi o evento, qual foi a situação que detonou esse estado em que você está", solicitou Lígia, agora sentada diante do diretor. Rodrigo suspirou e explicou: "Saí de uma reunião com o presidente da empresa que me reduziu a pó... Eu aumentei meu faturamento anual em 168%, mas, mesmo assim, ele tirou da minha responsabilidade uma área miserável, pequenina, alegando que não tenho competência para conduzir as operações naquela área". A voz de Rodrigo ia ficando mais baixa, mais sem brilho: "Me senti mal, fiquei me perguntando por que estava aqui".

Rodrigo contou mais. Disse que, para ele, aquilo havia sido fortíssimo. Era uma morte profissional ser criticado daquela maneira dura diante de todos os outros vice-presidentes. A *coacher* notou que suas mãos tremiam: "Conte para mim, de que você está precisando?". Rodrigo, ainda mais encolhido, disse: "Eu preciso da minha mãe, do colo da minha mãe". Lígia, por fim, decidiu-se: trancou a porta, sentou-se no chão, puxou Rodrigo pela mão e o pegou no colo, embalando-o como se faz a uma criança.

Ali, no tapete do escritório, aquele executivo poderoso, 46 anos, personagem de reportagens em revistas e jornais, chorou por quase uma hora. A *coacher* sentiu, com seu instinto de mentora, que era daquilo que Rodrigo precisava. Por várias vezes, nas sessões seguintes, Rodrigo repetiria que aquele gesto lhe havia "devolvido à vida".

Lígia, mais de uma vez, insistiu: "Vou chamar a sua mulher". Mas Rodrigo negou a sugestão: "O que mais me entristece é que eu dediquei minha vida a isso. Não tenho mulher nem família; troquei tudo por isso aqui, e, agora, não tenho a quem chamar". A emoção ainda não se esgotara. Rodrigo ainda tinha lágrimas para derramar. Se a secretária percebeu o que se passava ali, não se sabe; mas a sessão, que deveria durar duas horas, chegou à terceira hora sem que um único telefonema ou batida na porta, sempre trancada, os interrompesse.

Ânimos serenados, Lígia disse: "Agora, faça o seguinte: pegue as suas coisas, entre no seu carro e vá até o Guarujá ver o mar. Se quiser, entre em uma igreja onde tenha um padre que você nunca viu. Enfim, faça alguma coisa que você nunca fez, vá a algum lugar para estar sozinho com você mesmo. Sinto muito não poder acompanhá-lo, mas é melhor assim, uma viagem para ser feita sozinho".

Tempos depois, crise superada, Lígia refletiria sobre o episódio, que ela considerou um dos mais intensos da sua carreira e um grande avanço em sua maturidade profissional. Ela poderia ter se restringido ao contrato de *coaching*. Ao encontrar seu *coachee* completamente incapaz de ter uma conversa coerente, na qual a performance profissional fosse o ponto central da reunião, ela poderia ter se despedido e marcado para voltar em uma hora em que ele estivesse em outras condições. Mas Lígia estava convencida de que Rodrigo estava, de fato, preparando-se para morrer. Ao ir além de seu papel formal, Lígia exerceu sua presença, um tema de grande importância no mentoring. Estar presente é colocar-se aberto para receber o mundo; é um forte sintoma de quem está centrado em seu próprio eixo, consciente do que é. É, talvez, o sentimento mais autenticamente humano: o de ter amor, compaixão, bondade e ser altruísta com o único objetivo de diminuir a dor do outro e fazer com que ele seja feliz.

Capítulo 4

O MENTOR APRENDE A FALAR, A PERGUNTAR E A OUVIR

O processo de mentoring para ser bem-sucedido necessita de três fatores decisivos: comunicação, comunicação e comunicação. Mas as conversas de mentoring não são bate-papos triviais, elas exigem posturas e atitudes bem determinadas.

Imagine-se indo para uma reunião que você considera ser muito importante para a sua carreira. Você vai falar com alguém mais velho do que você, com mais tempo de empresa e com mais experiência profissional. Sua expectativa com o encontro é grande, e seus nervos, como é natural nessa situação, estão ligeiramente eletrificados. Finalmente, chega a hora. Vocês se apresentam, falam um pouco sobre amenidades e sentam-se à mesa para conversar sobre o assunto em pauta. Você respira fundo e começa a falar sobre uma questão do seu trabalho que está martelando na sua cabeça.

Seu interlocutor, inesperadamente, interrompe a sua fala e diz que não concorda com o que você falou. Você para, com ar de surpresa, mas recompõe-se e tenta abordar o assunto de outra maneira. De novo, ele o interrompe e questiona: "Será que você não está confundindo as coisas?". Você se sente desconfortável e tenta mudar de assunto. "Humm... não sei. Você tem mesmo certeza? Eu penso diferente de você", ele insiste. Você engole em seco, pensa em argumentar, mas sente-se desanimado; tem a impressão de que a conversa não vai evoluir. Que decepção! Sua vontade, então, é de levantar-se e esquecer que algum dia esteve naquela reunião.

Se você fosse o mentorado e seu interlocutor, o mentor, o processo de mentoring já estaria seriamente comprometido em seu primeiro minuto, caso acontecesse da maneira descrita. Não haveria, nessa situação, nenhum encorajamento para que o mentorado expusesse seus pensamentos; sua natural tensão e a desconfiança em falar com alguém com mais experiência ou mais tempo de casa que ele se transformariam facilmente em pânico e descrença de que aquela conversa pudesse ter qualquer proveito para o seu crescimento profissional.

No entanto, o processo de mentoring só caminhará se houver uma troca de experiências; portanto, perguntas, respostas, opiniões e reflexões são inevitáveis. Então, como o mentor deve se posicionar diante do discurso do mentorado? A resposta é: o mentor tem de mudar a sua postura nesse processo de interlocução. Em vez de colocar-se na postura de interlocutor confrontador, ele deve dirigir-se mentalmente até um "ponto neutro", como se pudesse, dali, observar a conversa se desenrolando entre ele mesmo e o mentorado.

Isso não significa, no entanto, colocar-se de uma maneira distante e passiva. Ao contrário, o mentor deve sempre estar presente por inteiro, o que significa comunicar-se o tempo todo com o mentorado, mesmo que em alguns momentos isso signifique calar-se e escutar. Estar presente por inteiro pressupõe um propósito comum com o outro; afinal, vocês estão ali, naquela sala, porque procuram o mesmo crescimento e querem ampliar suas experiências.

Essa postura não é algo com a qual estejamos acostumados. Analisar, classificar e julgar nossos interlocutores a partir de nossos pontos de vista e crenças pessoais é algo que fazemos quase sem perceber. Achamos natural tentar convencer o outro de que as nossas convicções são superiores e mais bem fundamentadas que as dele, e estamos sempre mais dispostos a falar de nós mesmos do que a ouvir o outro.

Ao nos colocarmos em um ponto neutro durante o processo de comunicação, deixando de lado nossa postura comum, teremos grande chance de ouvir o outro de uma maneira realmente interessada e genuinamente atenta. Notaremos, até com certa surpresa, que nos sentiremos conectados de uma maneira muito especial com o nosso jovem parceiro. Então, da nossa "neutralidade", entenderemos com mais clareza os pontos que ele levanta e nos sentiremos capazes de contribuir de uma maneira real para que o diálogo flua da melhor maneira possível.

A ARTE DE COMUNICAR E OS TRÊS TEMPOS

Um dos exercícios de preparação para os participantes do processo de mentoring tem a intenção de incentivar a reflexão sobre significados pouco percebidos de três fenômenos da comunicação: falar, perguntar e ouvir.

De início, solicita-se aos participantes que expliquem a importância desses três fenômenos: falar, perguntar e ouvir.

Por que eu falo?
Para expressar sentimentos, expor pontos de vista, posicionar-me, elaborar pensamentos, contar algo, motivar, seduzir, persuadir, deixar-me conhecer, analisar, mentir, pedir, valorizar-me.

Por que eu pergunto?
Para descobrir, aprender, aprofundar, instigar, investigar, constatar, saber, informar-me, confrontar, pressionar, esclarecer, duvidar, recriar.

Por que eu ouço?
Para conhecer, perceber, sentir, entender, aceitar, qualificar, compreender, refletir, julgar, ampliar meus conhecimentos, contextualizar.

Os verbos incluídos nas respostas às questões propostas dão uma dimensão do real impacto que o ato de falar, de perguntar e de ouvir podem ter na relação entre mentor e mentorado.

Quando falamos, trazemos nossas experiências passadas, tratamos do que já está instalado em nossa mente. É nessa ocasião que expomos nossos pontos de vista, contamos algo, analisamos ou nos apresentamos – todos esses verbos se referem ao que já foi.

Ao perguntar, queremos descobrir algo, nos aprofundar em algum tema, visualizar o futuro, investigar alguma situação, obter informações sobre o que quer que seja e muito mais. Ouvir, finalmente, nos permite conhecer, entender, aceitar e sentir. É por meio desse exercício, que constitui a grande maestria do mentor, que perscrutamos. Quando o mentor escuta o que o mentorado tem a dizer, ele reafirma que está presente, que o valoriza e o percebe. É essa, afinal, a grande missão do mentor: ser o facilitador, estar à disposição do mentorado para auxiliá-lo em suas descobertas e escolhas.

Essa reflexão sobre os três fenômenos da comunicação costuma provocar impacto sobre aqueles que estão se preparando para assumir o papel de mentor, e também de mentorado. É o momento de pensar em como cada um está exercendo a sua arte de se comunicar.

E COMEÇA O PROCESSO DE MENTORING...

O primeiro encontro entre mentor e mentorado é de grande importância. É nele que se acertarão os compromissos, com datas e horários, e, principalmente, se estabelecerá a empatia, o motor que produz a confiança mútua – um sentimento imprescindível para que o processo seja produtivo. Caso o mentor já tenha tido uma boa experiência em outras dinâmicas de mentoring, ele poderá desenhar seu próprio roteiro para esse primeiro encontro; caso contrário, poderá valer-se do roteiro que se segue, que foi elaborado a partir da experiência de outros mentores justamente para facilitar o início dessa prática.

- **Discussão do contrato.** O mentor leva o contrato e discute com o mentorado questões práticas, como as melhores datas e os locais em que serão feitas as reuniões.
- **Relato da biografia.** Mentor e mentorado contam sua biografia um ao outro. Caso já a tenham recebido por escrito anteriormente, poderão levantar pontos que mereçam ser aprofundados.
- **Fixação de objetivos.** Ambos devem entrar em acordo quanto a, pelo menos, três objetivos de desenvolvimento profissional para o mentorado.
- **Compreensão dos objetivos.** Ambos devem conversar mais profundamente a respeito desses objetivos, que constituem o plano de desenvolvimento do mentorado. Nessa conversa, o mentor poderá lembrar conquistas de sua carreira que tenham alguma similaridade com os objetivos do mentorado.
- **Balanço da vida profissional do mentorado.** O mentorado apresenta um balanço, mesmo que informal, da sua performance e das relações que tem estabelecidas com sua rede profissional.
- **Identificação inicial das dificuldades profissionais e pessoais do mentorado.** Levantam-se as dificuldades que o mentorado possa estar enfrentando em cada dimensão da sua carreira e também da sua vida pessoal; dificuldades que possam ter interferência no ambiente profissional.
- **Balanço da reunião.** Ao final da sessão, é feito um balanço do que foi discutido.

O processo de mentoring começa mesmo a partir da segunda sessão, quando se aprofunda a análise da situação atual do mentorado frente ao seu trabalho na organização e se determina qual será o foco do trabalho de mentoring. Então, as possibilidades de ação do mentorado são enumeradas, os recursos que poderão ser empregados para transformá-las em realidade são discutidos, e as melhores alternativas são selecionadas, culminando na decisão de persegui-las.

As metas que foram tratadas no primeiro encontro são examinadas, a fim de que mentor e mentorado determinem com maior precisão os impactos que poderão ter e os obstáculos que poderão surgir. Eventualmente, o mentorado poderá rever e redefinir alguma de suas metas, a seu exclusivo critério; então, a nova meta deverá ser rediscutida com o mentor e firmado um novo compromisso em executá-la. Esse é um momento importante do mentoring, pois proporciona a oportunidade para o mentorado vivenciar a situação de mudar as estratégias para atingir os resultados desejados, um desafio sempre presente no mundo do trabalho.

Sempre que possível, a avaliação dos ganhos que o mentorado vem conquistando ao longo do processo deve ser tema de conversa. A percepção do que foi conquistado no trabalho de mentoring é, necessariamente, discutida pela dupla – mentor e mentorado –, mas o mentor poderá compartilhar as conquistas de seu mentorado com outros participantes da organização, em reuniões periódicas. Esses encontros de mentores costumam ser muito proveitosos, justamente porque todos relatam suas experiências, expõem suas dúvidas e ouvem sugestões. As reuniões de mentorados também devem ser incentivadas, a fim de que possam trocar experiências a respeito dos avanços, das estratégias e dos esforços de cada um.

De uma maneira mais estruturada, o RH pode aferir, por meio de uma pesquisa de satisfação dos participantes, o impacto do mentoring na empresa. Em um nível ainda mais amplo, levantamentos sobre a mudança no clima empresarial ou a performance da empresa serão, também, indicadores confiáveis das vantagens que o mentoring pode trazer para a organização.

DEZ DICAS PARA UMA CONVERSA FELIZ

Há muito mais do que perguntas e respostas no processo de comunicação entre duas pessoas. Linguagem corporal, silêncios, significados ocultos, textos subliminares... Tudo isso constitui formas de comunicação, que, dito assim, pode parecer teórico demais, mas sua prática é tão verdadeira que todos nós sabemos perfeitamente ler esses sinais de comunicação, assim como sabemos reagir a eles. No entanto, é sempre bom lembrar que as conversas de mentoring são encontros especiais, que exigem uma postura diferenciada dos envolvidos no que se refere à comunicação interpessoal.

As dicas a seguir propõem uma forma de comunicação produtiva, capaz de gerar uma conversa que leve a resultados, a ações e a alternativas a fatos que mentor e mentorado tiverem diante de si.

1. Reaja às ideias e não à pessoa.
2. Evite classificar seu interlocutor prematuramente.
3. Não tire conclusões apressadamente.
4. Esteja atento quanto aos seus preconceitos e emoções.
5. Seja paciente e controle suas reações de raiva.
6. Fale menos e pergunte mais.
7. Escute o que não é dito e escute como é dito.
8. Livre-se das distrações e vá direto ao ponto.
9. Não confronte o interlocutor.
10. Escute sempre com um espírito de amistosa atenção pelo outro.

OUVIR DE MANEIRA ATIVA

Ao longo da vida, à medida que amadurecemos, vamos aperfeiçoando nossa maneira de falar. Aprendemos a escolher as palavras mais precisas para expressar nossas emoções, sabemos que tipo de ênfase verbal podemos utilizar em diferentes situações sociais, conseguimos determinar o vocabulário mais adequado para interagir com pessoas de diferentes *backgrounds* e assim por diante. No entanto, não prestamos a mesma atenção à possibilidade de desenvolvimento da nossa maneira de ouvir. Consideramos que basta entender o idioma do outro e pronto, tudo o que se pode fazer em relação à escuta está feito. Mas não é assim.

Como acontece na fala, há diversas maneiras de ouvir alguém, e isso é uma habilidade que também pode ser desenvolvida. Para o mentoring, dois tipos de escuta têm grande importância: ouvir de maneira passiva ou ouvir de maneira ativa.

Ouvir de maneira passiva é quando quem ouve não responde verbalmente a quem fala. O fato de não existir a resposta verbal por parte de um dos interlocutores não quer dizer obrigatoriamente que a comunicação inexista, pois um olhar, uma expressão facial, um sorriso ou o balançar afirmativo ou negativo da cabeça podem ser formas claras de comunicação, mesmo que não verbal.

Em mentoring, a escuta ativa – quando quem ouve responde verbalmente – é certamente a que pode gerar maior interação entre as partes, permitindo que o mentorado se sinta, de fato, ouvido e compreendido. Nesse tipo de escuta, quem ouve pode, por exemplo, solicitar que o outro aprofunde o raciocínio que estiver fazendo. Quem ouve também pode parafrasear, ou seja, repetir de maneira proativa o que foi dito pela outra parte, fazendo com que suas afirmações se tornem ainda mais claras, como nos exemplos a seguir: "Então, você disse que (repete o que o outro disse)", ou "Me corrija se eu estiver errado: você disse acreditar que (repete a crença dita pelo outro)". Dessa maneira os envolvidos na conversa demonstram que entenderam as afirmações, preocupações ou opiniões do outro, que estão refletindo sobre elas e que têm interesse em continuar o diálogo.

Mas a escuta ativa também tem armadilhas, e a mais comum é um dos interlocutores parar de prestar atenção ao que o outro diz ou, pior, interromper a sua fala. Em geral, fazemos isso por motivos neurológicos: enquanto somos capazes de falar, em média, cem palavras por minuto, nosso cérebro trabalha, em média, quatro vezes mais rápido que isso no processamento do que ouve. Essa diferença de velocidade dá ao ouvinte a falsa sensação de saber o que vai ser dito em seguida por quem está falando. Aí, de duas, uma: ou ele para de prestar atenção no meio da frase que o outro estiver dizendo, podendo, assim, ser levado a responder de maneira inadequada ao que foi dito, ou interrompe o outro, completando, quase sempre de maneira incorreta, o que ele acredita que este iria dizer. Não é preciso muito esforço para imaginar o constrangimento que essas situações podem causar.

A comunicação não verbal, citada quando nos referimos à maneira passiva de ouvir, ocorre todo o tempo, em todas as situações em que as pessoas entram em contato umas com as outras. Em nossas conversas cotidianas, no entanto, não precisamos dedicar muita atenção à compreensão da comunicação não verbal, posto que isso acontece quase que instintivamente.

Em mentoring, entender esse tipo de comunicação sem palavras é de grande importância. Observá-la, concentrando-nos nas expressões faciais ou na ênfase que a outra pessoa dá às palavras ou frases, pode nos ajudar a nos manter focados, resistindo às distrações que se encontram à nossa volta e até mesmo em nossos pensamentos. Escutar de uma maneira integral, ou seja, tentando decifrar os sentimentos do interlocutor, como se estivéssemos na cabeça dele, melhora o nosso entendimento do que ele realmente quer dizer, o que pode tornar mais precisa a comunicação.

ADVÉRBIOS PROATIVOS

Perguntar aponta para o futuro. Quando questionamos alguém sobre seus planos, sobre a maneira como pretende colocá-los em prática, quando irá chegar à sua meta ou para quem está fazendo algo, o convidamos a refletir e a sintonizar a sua mente em suas atividades futuras.

Saber perguntar é uma das qualidades insubstituíveis de um mentor, uma vez que o processo de mentoring tem exatamente esse objetivo: preparar o mentorado para os seus próximos passos.

Perguntas bem feitas, precisas e encorajadoras são capazes de criar o ambiente necessário para o mentorado expor com clareza e confiança suas dúvidas e certezas. Sem essa comunicação, o mentoring não tem razão de ser.

Mas perguntar exige cuidados. Questões colocadas sem a necessária sensibilidade podem fazer com que o mentorado se sinta pressionado ou, pior, julgado. Assim, ele se verá obrigado a justificar-se, como se fosse suspeito de algum malfeito, levando a relação com o mentor a se tornar tensa, dura, o que fatalmente bloqueará a interação entre ambos. Nessa posição defensiva, o mentorado permanecerá refratário a qualquer nova ideia que, em situação diversa, ele analisaria como um fator que agregaria valor a seus planos.

Perguntar alguma coisa de uma maneira que estimule o outro a pensar sobre aquilo por um ângulo inédito estabelece um diálogo franco, empático e rico. Essa é uma grande habilidade que permitirá a mentor e mentorado constituírem de fato uma equipe, que tratará os assuntos que surgirem de uma maneira afinada e comprometida com um bom resultado comum.

A escolha dos advérbios interrogativos mais adequados pode ajudar, e muito, a desencadear uma conversa de qualidade entre as partes. "Onde?", "como?", "com o quê?", "para quê?", "para o quê?", "para quem?" são expressões interrogativas capazes de fazer surgir uma produtiva troca de ideias, e o mentor pode usá-las com proveito em seu roteiro de perguntas para o mentorado.

A seguir, vejamos algumas perguntas e o que o mentor pode obter com elas:

Onde e como você está?
Essa pergunta pode ser a chave para o mentorado descrever o seu ambiente de trabalho e as relações que mantém com seus pares e sua chefia. Seu ambiente pessoal e familiar também pode ser lembrado, como um desdobramento dessa questão central, à medida que tenham influência sobre a sua performance profissional.
Ao explicar "como está", o mentorado poderá vislumbrar questões sobre o que, eventualmente, pode vir a ser um desafio para si. Esperanças, frustrações, medos e raivas podem aflorar como resposta a uma questão que, embora pareça simples, pode trazer à luz muitos significados.

O que você gostaria de fazer?
A resposta a essa questão, por sua vez, está no cerne do processo de mentoring. São as metas, os objetivos e os sonhos que serão colocados nesse momento. A extensão dessas metas, ou seja, até onde o mentorado quer ir, tanto no presente quanto em seus projetos de longo prazo, pode ser perscrutada indagando-se "o quanto" ele quer realizar de seus sonhos.

Como você vai realizar isso?
Este é o momento de falar de ações, planos, realizações. Trata-se da definição das estratégias para que as metas, anteriormente definidas, possam se tornar realidade. É a partir dessa pergunta que se discutem os comportamentos a serem seguidos e a definição das estruturas que servirão de apoio a essa estratégia.

Para que você quer fazer isso?
Temos, aqui, uma indagação de grande importância, que aponta para a motivação da pessoa, revelando sua ética e seus valores – o motor que a faz caminhar para a frente. "Para quem você quer fazer isso?" é uma derivação dessa questão. Há muitas respostas possíveis: por dinheiro, para a minha família, para ter prestígio, para provar aos outros que eu posso, para ser alguém melhor, para deixar algo para o planeta... Enfim, aqui se revela a identidade do mentorado, a missão da sua vida. Mesmo que esta se transforme com o passar do tempo, não importa; ter uma meta definida, um motivador claro, é de grande importância para o amadurecimento e o crescimento profissional de alguém.

Todas essas questões são relevantes no processo de mentoring. Elas podem ser repetidas e relembradas em todas as sessões, sem jamais se esgotarem. Cabe ao mentor ajudar o mentorado a construir suas respostas para cada uma delas e, ao final, este terá uma visão clara dos ganhos e dos benefícios que poderá alcançar, do que terá de abrir mão e do que não quer abrir mão; enfim, ele terá feito um profundo mergulho dentro de si mesmo.

É um momento de grande transformação e amadurecimento, o objetivo final do mentoring.

POR QUÊ? NÃO!

No dia a dia, conversamos com as pessoas sem tanta preocupação com o efeito que nossas palavras podem provocar, e, na maioria das vezes, nosso modo de falar não chega a causar problemas. Contudo, em uma conversa de mentoring, algumas expressões triviais podem ser desastrosas. Uma delas é o aparentemente inocente "por quê?". É claro, em determinados contextos, e colocada com habilidade, essa locução interrogativa pode soar neutra. Mas, em outros, o singelo "por quê?" convida o interlocutor a se justificar, a remeter-se a questões do passado ou mesmo a se queixar de sua má sorte. Essas posturas entravam o processo de mentoring, já que pouco acrescentam ao movimento interior do mentorado, cuja tônica é a descoberta, o progresso e o olhar para o futuro. A seguir, dicas para tornar uma conversa de mentoring mais produtiva:

- Faça perguntas que induzam o mentorado a refletir sobre a questão, antes de respondê-la.
- Não apresente mais de uma pergunta de cada vez, sob o risco de elas não serem inteiramente respondidas.
- Controle a ansiedade e não interrompa a resposta de seu mentorado.
- Considere a comunicação não verbal de seu mentorado e dê *feedback* a ele.
- Utilize você também a linguagem não verbal, quando for apropriado.
- Espere sempre pela resposta à sua pergunta, ciente de que tanto o silêncio quanto a demora em responder têm significados.
- Comece a conversa sempre falando de um assunto geral e, depois, trate de temas específicos.
- Não aceite respostas genéricas.
- Não faça deduções; pergunte até certificar-se de ter entendido perfeitamente o ponto tratado.

História real
FAMÍLIA NÃO AJUDA PARENTE DESEMPREGADO

Dono de um humor autodepreciativo, Leandro não se cansava de repetir a mesma piada toda vez que tentava explicar a complexa situação profissional que enfrentava naqueles últimos anos: "Eu me separei da minha mulher, perdi o emprego, tive de vender minha casa e um carro de estimação, tudo isso no prazo de 30 dias". E completava, com um sorriso irônico: "Então, analisei a situação e decidi que aquele era um ótimo momento para construir uma casa, a qual consumiu todas as minhas reservas".

Publicitário experiente, já entrado na casa dos 50 anos de idade, Leandro, a partir desse momento desafiador em sua vida, tomou uma série de decisões profissionais que se mostraram pouco rentáveis. E, para piorar, ficou sem nenhum dinheiro em caixa, já que o que poderia ter sido guardado para aqueles tempos duros de entressafra havia sido gasto de maneira temerária na construção de uma casa. Embora nunca lhe faltasse trabalho, ele se sentia desestimulado, desorganizado e ressentido com a brutal queda em seu padrão de vida.

Com o passar do tempo, Leandro foi tomado por uma grande amargura e, com frequência, atribuía seus problemas à omissão dos outros. E era exatamente "os outros" o tema de conversa entre ele e Danilo, seu mentor.

Leandro se sentia amargurado com o fato de ter, inutilmente, pedido ajuda a muitos amigos íntimos e parentes para conseguir uma indicação. Falava com especial rancor da ex-mulher – importante diretora em uma agência de publicidade multinacional –, com quem ainda mantinha relações cordiais, mas que respondeu com frieza e desinteresse quando lhe pediu que conseguisse uma entrevista com o presidente de outra agência, com o qual ela mantinha boas relações. Os parentes, que também poderiam tê-lo ajudado com boas indicações, eram simpáticos e se diziam dispostos até a emprestar algum recurso para aqueles tempos bicudos, mas nunca o recomendaram profissionalmente. "Eu não queria dinheiro, p....!, mas uma indicação, um número de telefone, um *e-mail* recomendando-me a alguém!", dizia exaltado.

Danilo já ouvira outras histórias muito parecidas. Profissionais que acreditavam que uma *network* constituída de amigos, parentes, ex-namoradas ou ex-namorados pertencentes ao mesmo ramo de atividade seria capaz de lhes valer profissionalmente em um momento de necessidade e que tinham comprovado que isso não funcionava. De fato, raramente, essa rede de contatos com pessoas com as quais temos uma relação emocional funciona a contento. E a construção de uma *network* funcional, responsabilidade exclusiva do próprio Leandro, não havia sido feita.

"De duas, uma: ou aqueles do seu círculo íntimo nunca o enxergam como profissional, mas sim como o irmão briguento, o primo louquinho, o amigo divertido, o festeiro, o namorador... ou conhecem de perto suas falhas, idiossincrasias, explosões temperamentais e personalidade movediça e temem que elas eclipsem suas qualidades e contaminem seu lado profissional, o que lhes causaria embaraço, caso sugerissem você a algum empregador", disse Danilo.

Como nossa maneira de olhar para as coisas muda ao sabor de como estamos nos sentindo em determinado momento, é pouco provável que entendamos de maneira pacífica se um conhecido próximo de nós souber de uma boa oportunidade de trabalho e não nos indicar, mesmo sabendo que estamos disponíveis no mercado. No momento em que estamos aflitos com o desemprego, tudo o que entenderemos dessa situação é que fomos traídos, que nossas angústias foram tratadas com desdém e de forma nem um pouco solidária. Mas agir dessa forma é humano, basta olhar para o passado, quando nossa situação profissional estava tranquila, e certamente encontraremos uma situação em que algum conhecido nos pediu ajuda e muito pouco fizemos por ele, por não conseguirmos nos conectar com a angústia que ele sentia.

Uma rede de relacionamentos, que pode ser de capital importância nos momentos em que estamos fora do mercado, mas que também serve para nos abrir novas possibilidades profissionais e mesmo pessoais, é formada por três graus de relacionamento, facilmente identificáveis.

"Os contatos de primeiro grau são aqueles mantidos com pessoas que viram você trabalhando, que conviveram com o Leandro profissional como pares, líderes ou subordinados; pessoas que conhecem suas qualidades e limitações", explicou Danilo. "Esses contatos podem ser a sua melhor esperança para futuras indicações de oportunidades de trabalho. Já os contatos de segundo grau são seus amigos, parentes e conhecidos que transitam por outro círculo da sua vida: nunca viram você trabalhando, muitas vezes nem sabem o que, exatamente, você faz", afirmou o mentor. "São contatos que podem ser perigosos, quando tentamos transformá-los em oportunidades de trabalho." Os contatos de terceiro grau são impessoais e estão nas redes sociais, nas associações ou representados pelos *head-hunters*. "Nesse terceiro nível não há quem tenha convivido de perto com o seu lado profissional e que conheça, portanto, suas possibilidades de maneira profunda."

Em suas conversas com Danilo, Leandro compreendeu que deveria administrar sua rede de contatos com o mesmo cuidado que se presta ao capital financeiro. Era preciso investir. Tentar ser recebido por eventuais empregadores, enviar currículos, participar de grupos. E foi o que passou a fazer.

E o mentor disse mais. Se continuasse a achar que a *network* familiar poderia gerar frutos, Leandro deveria criar um contexto profissional adequado para essas conversas. "Crie um ritual, um contexto diferente daquele em que você convive com seus parentes e amigos", disse o mentor. "Ninguém vai ter uma conversa séria com você a respeito de trabalho em meio a um churrasco."

"E no meio institucional que você frequenta é onde se encontram seus contatos de terceiro grau. São as pessoas que você conhece nas associações e comunidades profissionais com as quais se identifica e das quais participa, assim como nos congressos e nas reuniões que frequenta. Esses contatos também podem ser um apoio na busca por oportunidades, mas diferente de seus contatos de primeiro grau."

História real
O MENTOR SOBE NA MESA

Quando olhou para a porta de aço escovado do elevador que estava à sua frente, Carlos Alberto a sentiu fria, esterilizada, dura. "Parece que vai cortar como um bisturi", pensou, sentindo um beliscão sinistro na cicatriz de uma antiquíssima cirurgia no joelho. De repente, prestou atenção ao seu reflexo: a gravata não combinava com o paletó, as olheiras o faziam parecer mais velho, e o conjunto, enfim, o fazia ver-se como um homem derrotado. Para desviar os olhos da figura ali refletida, olhou para cima, mas a sensação de inconveniência aumentou: "Como é alto o pé direito deste *hall* de entrada; nunca poderei ter um escritório aqui... Quanto luxo!".

"Senhor! Por favor! Com licença!", alguém insistiu. A porta do elevador devia estar aberta já há alguns minutos e ele ali, parado, distraído, impedindo que a longa fila de pessoas entrasse. Atrapalhado, não conseguiu sequer pedir desculpas. Por sorte, ia para o último andar. Encolhido no fundo do elevador, Carlos Alberto respirou fundo e começou a superar o ataque de pânico que acabara de sofrer.

Aquele incômodo tinha um nome. Aliás, nome e sobrenome: Roberto Miozoto, diretor-geral de TI da empresa de *trading* que ocupava os três últimos andares do edifício. Carlos Alberto era o mentor de Roberto Miozoto. A organização tinha planos para Roberto: comandar uma filial a ser aberta em Miami. Um passo de grande importância para a empresa; se Miozoto não conduzisse a organização à frente, cabeças iriam rolar e a reputação da área de RH, que o indicara para o cargo e recomendara que este fosse o mentorado de Carlos Alberto, seria manchada.

Mas as coisas não iam bem no mentoring. Aquela seria a segunda sessão, e a primeira deixara a desejar. Roberto Miozoto agira de forma hostil e distante. Arrogante, deixara claro pelos gestos, pelas palavras distraídas e pelos longos silêncios que não via necessidade alguma de ser um mentorado. A primeira sessão fora penosa, desagradável mesmo. Roberto havia desmarcado o primeiro encontro e tentara fazer isso de novo com o segundo. Para a primeira sessão, ele até escreveu sua História de Vida, como Carlos Alberto havia solicitado, mas o fez muito superficialmente. Era evidente que ele não havia colocado no papel o que se passava em seu coração e em sua cabeça.

Carlos Alberto chegou à mesa da secretária, que lhe pediu que aguardasse. Melhor, teria tempo de refletir como se conduzir na reunião. Caso o marasmo e a falta de conexão entre eles continuassem, iria propor que rediscutissem o contrato de mentoring, que repensassem o acordo feito. O tempo passava... 10... 15... 35 minutos de espera. O mentor levantou-se. Iria embora e, no dia seguinte, em um *e-mail* ou telefonema, proporia uma conversa definitiva sobre o mentoring. Mas exatamente quando ia se despedir, a secretária avisou que Miozoto o atenderia.

Carlos Alberto entrou. O vice-presidente estava voltado para a tela do computador, aberta no que parecia ser um *site* de automóveis de luxo. Ferraris e Porshes estavam ali para quem quisesse ver... "Então, era com isso que ele se ocupava, enquanto me fez esperar meia hora na salinha ao lado?", pensou Carlos Alberto. Miozoto virou um pouco o rosto e resmungou, distraído: "Sente-se, aí...". Era, evidentemente, uma provocação. O mentor não se sentou. Manteve-se em pé, diante da enorme mesa de alguma madeira nobre. O vice-presidente ainda olhou para a tela, como se estivesse sozinho, alheio, à vontade, como na sala de sua casa. Depois de algum tempo, olhou preguiçosamente para Carlos Alberto, virou o corpo, espreguiçou-se e colocou os dois pés sobre a mesa. "E aí, o que há de novo", disse molemente.

A postura inacreditavelmente grosseira de Roberto Miozoto desencadeou uma poderosa reação química no sistema nervoso central de Carlos Alberto. Era como se, da última reentrância do seu cérebro, uma voz gritasse um "Vai! Agora!" tão energético e autoritário que fosse impensável não obedecer. "Tenho de agir! E agora!"

Com gestos calmos, que absolutamente não deixavam antever o que pretendia fazer, Carlos Alberto afastou os papéis que estavam sobre a mesa de madeira e sentou-se sobre ela. Olhou para o vice-presidente, que arregalara os olhos e, agora, estava ereto na cadeira. Em seguida, sempre olhando para o seu mentorado, o mentor espreguiçou-se e perguntou, com a voz igualmente mole: "O que você perguntou? Ah, queria saber o que há de novo, não é mesmo? Nada, está tudo bem... E com você, alguma novidade?".

Durante quase um minuto, os dois ficaram se olhando, calados. Se naquela sala houvesse alguma mosca, eles a ouviriam voar. O vice-presidente, duro e imóvel, cauteloso como se estivesse diante de um louco armado com um machado. Carlos Alberto, relaxado, reclinara o corpo para trás, apoiado nos cotovelos e olhava para Roberto com os olhos semicerrados, desdenhosos.

Finalmente, o mentor decidiu quebrar o silêncio: "Ok, Miozoto, acho que agora podemos conversar". E, com um sorriso, completou: "Pra começar, é melhor que eu desça desta mesa, que é caríssima, jacarandá... Se eu quebrá-la, adeus mentoring, adeus mentorado, adeus mentor!". E os dois, pela primeira vez desde que se conheceram dois meses antes, deram uma gargalhada juntos.

Depois dessa abordagem de choque, mentor e mentorado conseguiram, finalmente, estabelecer a necessária conexão que até então não se construíra. A conversa naquela sessão foi franca. Roberto Miozoto falou da sua insegurança com a perspectiva da expatriação e do medo de fracassar diante de seus pares, como já havia acontecido em um emprego anterior. De maneira infantil, como ele reconheceu, sua reação a esses desafio foi encarar o mentoring como uma dinâmica que pudesse expô-lo no ambiente competitivo da empresa, talvez revelando-o como uma farsa.

Era o momento de autocríticas, e o mentor também fez a sua. Tudo indicava que a dinâmica não fora discutida com toda profundidade entre os dois. Por pressão da alta direção da empresa, Miozoto concordara em participar do processo, mas até então não a havia aceitado. E, obviamente, o mentoring é, em essência, um processo democrático, em que as partes devem, de fato, acreditar na sua eficácia. Em casos em que o mentorado não entende o mentoring como uma necessidade ou que ele, no seu estado mental no momento, não está preparado para o processo, a dinâmica não deve ser tentada.

Mas os ponteiros foram acertados, os passos da dinâmica, rediscutidos, e os compromissos, retomados. A sessão durou quase o dobro do previsto, mas recuperou o tempo perdido. A atitude pouco ortodoxa do mentor havia conseguido quebrar a postura de negação e indiferença que Miozoto havia assumido e criado uma conexão. Era a regra dos "101%" que fora aplicada por Carlos Alberto – quando 100% da comunicação está perdida, procura-se esse 1% que as partes podem ter em comum e represente uma ponte entre seus desejos. Neste caso, a exagerada informalidade assumida pelo mentor quebrou as expectativas do mentorado e serviu para baixar suas barreiras comportamentais.

Ao final, quando marcaram o próximo encontro, Carlos Alberto propôs: "A próxima reunião não será aqui; quero que você vá até o meu escritório, faremos o encontro lá". O vice-presidente se incomodou: "Mas, por quê? Tenho muitos compromissos, aqui é confortável...". Carlos Alberto explicou: "Exatamente, aqui você está em seu território e o domina, sente-se confortável. Em outro lugar, você ouvirá barulhos que não conhece, verá gente que nunca viu e sairá do seu eixo, estando mais preparado para ser você mesmo, sem nenhuma mesa de jacarandá servindo de escudo".

Carlos Alberto saiu da sala do vice-presidente. Estava satisfeito com o encontro. Um mês depois, reuniriam-se na modesta sala do mentor. De novo, estava agora naquele último andar, diante da porta de aço escovado do elevador. Olhou para o seu reflexo... pensando bem, aquela gravata combinava, sim, com o paletó.

Capítulo 5

UMA HISTÓRIA DE VIDA

Cabe ao mentorado dar velocidade, direção e efetividade ao processo de mentoring. Para isso, sua disposição em avaliar criticamente as próprias ações, estabelecer metas e sonhar são atitudes imprescindíveis.

O mentorado é o personagem central do processo de mentoring. Cabe a ele determinar o ritmo, a pauta e, por fim, os resultados do processo. É um papel e tanto, mas estará ao seu alcance à medida que ele se propuser a adotar certas atitudes. Há duas posturas que são de enorme relevância para que o mentorado tire dessa experiência o máximo proveito: primeiro, manter uma conduta positiva, capaz de reconhecer e adotar as melhores opções para o seu próprio benefício; depois, ser capaz de transmitir ao seu mentor, da maneira mais precisa possível, seus objetivos e aspirações. Pode parecer uma platitude, mas o mentor precisa saber exatamente quais são as necessidades do mentorado; do contrário, como poderá ajudá-lo? E o mentorado, por sua vez, deve ser instruído sobre as diversas formas de que poderá se valer para estabelecer essa troca de informações.

O primeiro contato entre a dupla do mentoring é feito antes mesmo que ambos se encontrem, quando o mentorado prepara, por escrito, a sua História de Vida. Não importa se se trata de alguém jovem, com pouco tempo de estrada, pois histórias de vida são muito mais do que uma lista de datas e lugares pelos quais passamos.

Os registros da experiência acadêmica e das funções profissionais vividas pelo mentorado, certamente, são de grande importância para a análise da sua prontidão formal. No entanto, tais dados não fornecem a informação necessária para avaliar seu grau de maturidade profissional nem dá pistas a respeito de seus pontos fortes e fracos, os quais deverão ser reforçados e superados, respectivamente.

É fundamental que, em sua História de Vida, o mentorado responda a questões até certo ponto subjetivas. Muito provavelmente, a partir dessas questões, o mentorado, pela primeira vez em sua vida profissional, refletirá sobre aspectos relevantes para, no futuro, se tornar um líder em seu ambiente de trabalho.

A seguir, relacionamos algumas questões que o mentorado deve propor a si mesmo; elas podem ser consideradas um roteiro para a redação da História de Vida, e, se respondidas com sinceridade e objetividade, irão gerar respostas relevantes para o processo de mentoring.

- Qual é a força que me sustentou até hoje?
- Que forças, positivas e negativas, estiveram e estão atuando na minha trajetória de vida?
- Quais foram os cinco fatos mais marcantes da minha vida pessoal e profissional; aqueles que, acredito, contribuíram para formar a minha personalidade?
- O que eu precisaria ter coragem para mudar em mim?
- O que eu jamais mudaria em mim?
- Como eu me veria, de uma maneira ideal, nos papéis de colega, amigo, parceiro, líder, subordinado, cônjuge, mentor, mentorado?
- Qual seria a maneira ideal para que eu, mentorado, tire o maior proveito possível do processo de mentoring?
- Ainda no campo do mundo ideal, quem eu gostaria de ser ao final do processo de mentoring?

O QUE FALAR NO MENTORING

Mesmo quando o mentorado está convencido de que o processo de mentoring beneficiará o seu crescimento, nem sempre ele traz para a discussão com seu mentor assuntos que podem contribuir para que esse desfecho seja alcançado. Há um grande número de assuntos que podem ser tratados nas reuniões, e qualquer questão que possa ter influência na vida profissional é adequada para ser trazida para as conversas de mentoring.

Há momentos na carreira de uma pessoa em que a presença de um mentor pode ser fundamental. Vejamos: quando alguém sabe que existem oportunidades em seu caminho, mas ignora como captá-las; quando se quer crescer na empresa, mas a estratégia a ser seguida não é compreendida claramente; quando é preciso entender e enfrentar bloqueios ao crescimento profissional; quando é preciso entender e acompanhar as transformações importantes ocorridas na organização; quando os valores que são importantes para a organização começam a entrar em conflito com as crenças pessoais e é preciso tomar uma posição....

Todas essas questões são assuntos que podem constituir uma pauta de conversas no mentoring. Como lidar com um chefe de relacionamento difícil, do qual não parece ser possível escapar no curto prazo? Como conduzir uma relação emocional com alguém, cujo *background* e aspiração profissionais são muito menos ambiciosos e que está bloqueando o crescimento do outro? De que maneira encaminhar uma sensação de inquietação, de querer fazer, que não encontra formas de se expressar em um salto na carreira?

Temas semelhantes aos citados são tipicamente assuntos de mentoring. Eles envolvem sensações e relações que não se limitam à esfera corporativa, mas têm uma repercussão direta sobre os resultados profissionais. Muitas vezes, não é fácil sentar-se diante de alguém com quem, até então, havia uma relação formal ou cerimoniosa, se é que havia uma, e se dispor a falar de maneira franca sobre questões íntimas.

"Como será que o meu mentor vai me enxergar depois que souber desses meus segredos? Será que vai ter uma ideia desfavorável de mim ao conhecer minhas fraquezas?". A dissipação desses temores cabe tanto ao mentor quanto ao mentorado. Mentorados que vivem um processo de mentoring gratificante costumam dizer que sua primeira e mais importante conquista foi dar a si mesmo "permissão para se expor". Alguma dificuldade pessoal que eles consideravam um drama particular único, que ninguém nunca havia vivido e por isso nunca poderia ser explicado ou compreendido, perde a força quando é exposta ao outro, e, a partir daí, torna-se algo passível de ser enfrentado e solucionado.

Se servir de consolo aos mentorados, eles devem saber que seus mentores também têm angústias ao longo do processo, que também se sentem expostos e desafiados nas reuniões. Há sempre a ideia subjacente de que o mentor, por ser alguém mais experiente e maduro, teria a solução ideal para os impasses que eventualmente surjam nas conversas. Mas, na cabeça dele, pode estar passando o seguinte pensamento: "O que o meu mentorado irá pensar se eu lhe disser que não sei a resposta para alguma questão? Certamente, irá pensar:'Como assim, ele é poderoso nessa organização, tem toda essa trajetória, e não sabe me responder?'".

Essa possibilidade reforça a premissa fundamental do mentoring, de que o processo é uma parceria e só trará uma transformação real para os envolvidos se for encarado dessa maneira: uma relação na qual não pode haver privilégios ou submissão, mas uma troca entre iguais, que beneficiará a todos.

Em geral, quando tudo está indo para a frente, os negócios caminhando bem, os gestores satisfeitos e as metas sendo alcançadas, não vemos muita necessidade de trocar experiências com ninguém, mesmo que essa pessoa tenha, mais do que nós, senioridade na organização ou em nossa área profissional de atuação. Mas o mundo gira impulsionado por forças sobre as quais não temos poder de decisão. O que podemos fazer, então, é tentar ter influência sobre os fatos a partir do nosso comportamento, dos nossos valores e do nosso caráter. Mais cedo ou mais tarde teremos de enfrentar as inevitáveis mudanças na vida e no mercado, e, nesse momento, ter um mentor com o qual possamos conversar com confiança é uma oportunidade que nunca devemos desperdiçar.

A FORÇA MÁGICA DA VISÃO

Os grande líderes, sejam empresários, políticos ou religiosos, costumam ter um poderoso mecanismo mental para tornar realidade seus objetivos. Eles elaboram uma visão das metas que planejam alcançar e, em vez de esperar que as condições necessárias apareçam, como a maioria das pessoas costuma fazer, afinam o seu comportamento com a sua visão e, por força dessa postura, passam a influir e a mudar as condições à sua volta, criando o ambiente adequado para que o seu projeto se concretize.

Essa grande força transformadora que surge da visão pode ser trazida para o processo de mentoring. O mentorado deve ser encorajado a desenvolver a sua própria visão, o seu grande objetivo de vida no longo prazo. Não importa se, na avaliação dos recursos e das condições que possui no momento, o mentorado classifique seu projeto como completamente inatingível ou mesmo amalucado. A função da visão é exatamente essa: sonhar grande, propiciar um exercício de imaginação no qual a pessoa se veja realizando integralmente o seu potencial de atuação, de realização e de criação.

Mas que tipo de ganho alguém pode obter ao elaborar uma visão de futuro, projetando nela tudo o que bem entender, sem qualquer fundamento concreto que justifique sua exequibilidade? A experiência mostra que mentorados incentivados a criar um cenário do que pretendem ser no plano corporativo ou pessoal costumam ser mais efetivos em suas funções profissionais e atingir seus objetivos com maior facilidade. Isso não acontece por mágica, mas pelo fato de que o exercício de se imaginar fazendo algo, que até então se encontrava apenas no reino da fantasia, mobiliza reflexões e a análise dos recursos, das estratégias e das forças que a pessoa se sente capaz de mobilizar para atingir tais objetivos.

Mesmo sendo algo imaginado, a visão tem o dom de fazer com que o mentorado saia, ainda que de maneira virtual, da sua zona de conforto e imagine os riscos que poderá correr, o esforço que terá de despender, as eventuais barreiras que precisará superar e as alianças que terá de fazer para atingir suas metas.

Esse tão importante exercício de reflexão pode se tornar mais fácil, caso o mentorado coloque para si algumas questões, tais como:

- Para atingir minha visão terei de aperfeiçoar meus conhecimentos e competências?
- Para atingir minha visão terei de abrir mão da ética e das minhas crenças?
- Quando eu atingir o que hoje é apenas uma visão, beneficiarei outras pessoas?
- Eu, de fato, acredito e quero a minha visão ou a quero apenas para agradar aos meus pais ou aos meus amigos?
- Vou me orgulhar da minha visão, quando ela se tornar real?
- Minha visão é sólida o suficiente para que eu consiga descrevê-la para outra pessoa?

Conseguir responder positivamente a perguntas como essas pode ser encorajador. Com esse tipo de questionamento, o mentorado poderá confirmar se os seus projetos de vida estão em harmonia com os seus valores éticos e com as suas possibilidades de desenvolvimento. Ao revelar sua visão para alguém de confiança, o mentorado poderá verificar se o seu projeto é percebido como algo útil para as outras pessoas, para a sociedade e para o mercado de trabalho.

Depois de discorrermos sobre a construção de uma visão e da importância de imaginar-se fazendo algo, resta saber como se descreve uma visão. Como o mentor pode orientar o mentorado a colocar no papel seus planos para daqui a 5, 10 ou 15 anos? Exatamente dessa maneira: dizendo-lhe que os coloque no papel da maneira mais detalhada possível. Ele deve ser encorajado a imaginar cenários realistas, nos quais sua participação e energia sejam decisivas para que seu sonho possa de fato ser atingido. Importante deixar claro que sonhos como o de encontrar um diamante gigante e nunca mais ter de trabalhar ou de morar em uma colônia em Marte não fazem sentido nesse exercício.

A narrativa seguinte é um exemplo de como uma visão pode ser descrita por um mentorado:

"O dia, hoje, começou com uma boa notícia: o presidente de uma importante multinacional que tem sede no Brasil concordou em contratar minha empresa para escrever sua biografia. E faz questão que seja eu quem irá escrevê-la. Mais do que o dinheiro que isso poderá trazer, esse presidente é admirado por vários empresários por sua conduta ética e seu sucesso empresarial, certamente o livro fará sucesso, será útil para muitas pessoas e irá gerar mais negócios.

Este deverá ser mais um sucesso editorial, ao lado dos outros quase 20 livros que já escrevi sobre grandes personagens do mundo empresarial. Talvez seja mais uma obra premiada, como já aconteceu com outros três livros que fiz e que me deram a motivação necessária para abrir minha própria editora. Hoje, já somos 12 colaboradores. Meu sucesso e da minha empresa são fruto da boa qualidade do produto que entrego. As pessoas se encantam não só com a qualidade do texto, mas com o tratamento gráfico que o livro recebe, com a pontualidade no cumprimento dos contratos e com a competência na divulgação do produto. Aliás, quando me lembro disso ainda me emociono em imaginar como descobri essa habilidade que eu não sabia que tinha: a de bom divulgador e relações públicas da minha empresa. Hoje, sou conhecido tanto no meio empresarial, quanto nas rodas literárias, que receberam muito bem o primeiro livro romântico-realista que fiz sobre o submundo do crime na minha cidade. Já estou preparando meu segundo romance e recebi, há poucos dias, a notícia de que estão pensando em transformar minha obra em um longa-metragem. De fato, não posso me queixar da vida. Tudo vem saindo da maneira com que sempre sonhei."

Em diversas passagens desse pequeno texto há desafios que exigem habilidades que, desde já, devem ser desenvolvidas. Cabe ao mentor esmiuçar com o mentorado quais seriam as qualidades necessárias para chegar a uma perspectiva favorável como a descrita e, a partir daí, orientá-lo sobre os caminhos a seguir e sobre as alternativas mais atraentes ou os contatos pessoais que poderiam proporcionar condições favoráveis para trazer melhores oportunidades. É um rico exercício de autoconhecimento, que lança as bases para que o mentorado possa fixar os compromissos que irá assumir com o seu próprio crescimento.

A ENERGIA QUE GERA UM PROJETO COMUM

O que pode unir um mentor e um mentorado com momentos de carreira, histórias e, algumas vezes, idades tão diferentes, tornando-os uma dupla afinada e coesa? O que os conecta, superando esses contrastes, é a tarefa de atingir um objetivo determinado pelo mentorado ou pela empresa. Esse objetivo, que deve ser bem concreto e sem lugar para ilusões ou delírios, deve necessariamente conter uma boa dose de ousadia e até mesmo ser imensurável em sua abrangência. As metas, porém, necessárias à realização desse objetivo de certo modo imensurável, devem sempre ser específicas, mensuráveis e alcançáveis pela ação e pelo esforço.

As metas de desenvolvimento e de crescimento profissional são de exclusiva responsabilidade do mentorado; muito embora o mentor possa contribuir para que se tornem mais claras e opinar quanto aos melhores meios para atingi-las, elas serão sempre as metas do mentorado.

O mentorado é o artífice das transformações nas quais ele é o grande beneficiário. O processo dessas transformações inclui estabelecer uma boa comunicação com o mentor, na qual prevaleça a troca de informações franca, clara e autêntica, e esse tipo de comunicação, por sua vez, inclui assumir o firme compromisso de executar o que foi acertado para atingir as metas propostas.

Não tentar colocar em prática o que tiver sido combinado pode pôr em risco a confiança do mentor no real desejo do mentorado em desenvolver-se. É fundamental que o mentorado tenha iniciativa e peça o que for necessário ao seu aprendizado no momento que tal necessidade se apresente. Como a relação de mentoring constitui uma parceria entre adultos, é inaceitável esperar que o mentor conduza o mentorado pela mão e direcione os seus passos. Esperar isso só fará com que o processo de aprendizagem se dê de uma maneira lenta e pouco efetiva.

O processo de mentoring não é uma dinâmica de ensino na qual o mentorado possa se colocar simplesmente como um ouvinte. Então, assim como foi dito no capítulo anterior, o mentorado precisará desenvolver a habilidade de ouvir ativamente durante as sessões; afinal, o sucesso da empreitada está diretamente ligado ao seu grau de envolvimento e entusiasmo.

A seguir, apresentamos algumas dicas ao mentorado, particularmente ligadas à comunicação, que fazem a diferença entre um mentoring morno, que não cumpre todo o seu potencial, e uma experiência plena e satisfatória:

- **Escolha a melhor alternativa.** O mentor nunca determinará ao mentorado que atitude tomar diante dos desafios do seu dia a dia na empresa, mas, sim, oferecerá alternativas. Quem terá a palavra final será sempre o mentorado.
- **Pergunte sempre.** Um mentor é indicado por ter experiência, habilidades e conhecimentos relevantes para o mentorado. Quanto mais este explorar essas qualidades, mais irá aprender.
- **O que é bom, o que é ruim.** O mentor, possivelmente, já enfrentou desafios complexos. Pedir-lhe que descreva suas vitórias e eventuais derrotas pode gerar lições preciosas ao mentorado.
- **Nenhuma questão é irrelevante.** Não há pergunta ou pedido de ajuda que não possa ser feito no mentoring. O mentorado não deverá se envergonhar de pedir orientação, mesmo em questões que pareçam bem específicas. Se o mentor não souber responder, saberá indicar quem o faça.

O PREÇO DO SUCESSO É A ETERNA VIGILÂNCIA

Já se disse que mentoring é um processo dinâmico, no qual a determinação de fazer diferente é capaz de produzir, em um espaço de tempo relativamente curto, mudanças profundas no plano profissional e pessoal de um indivíduo. Essa transformação deve ser, no entanto, constantemente monitorada, principalmente pelo mentorado, que deve sempre se perguntar se o processo está funcionando, se está satisfeito com os resultados alcançados, e se a ação do seu mentor tem sido, de fato, determinante para o andamento do programa.

Essa reflexão, que também deve ser levada para os encontros programados, como um balancete mensal da percepção do mentorado sobre como está se sentindo no processo, pode ser facilitada com os seguintes questionamentos que este fará a si mesmo:

- O mentoring está dando certo?
- Quais são as evidências de que está funcionando bem?

- Se não estiver sendo satisfatório, qual é o motivo? O que pode ser mudado?
- Minhas expectativas estão sendo atendidas?
- Como me sinto agora em comparação com a época anterior ao mentoring?
- As oportunidades criadas pela convivência com alguém mais experiente estão sendo bem aproveitadas?
- Meu mentor é alguém inspirador e tem cumprido o que havia proposto?
- O que podemos fazer para tornar toda a experiência ainda mais proveitosa?

Mais estratégia do que tática

A experiência é um dos principais combustíveis para nos movermos de maneira mais estratégica do que tática no mundo corporativo. É natural, portanto, que o desafio de pensar e de atuar com um foco mais estratégico do que tático esteja colocado em praticamente todos os processos de mentoring. Em geral, as pessoas agem de uma maneira mais tática e imediatista quando ainda não dispõem da massa crítica mental necessária para compreender cenários mais globais e repercussões de longo prazo. Algumas, no entanto, o fazem justamente por acreditar que tomar decisões instintivamente leva a bons resultados. Livros e publicações que se ocupam de assuntos empresariais trazem inúmeros *cases* em que o instinto foi responsável por grandes sucessos, mas não se pode desprezar a quantidade significativa de fracassos provocados por decisões que não levaram em conta os cenários de longo prazo ou todas as implicações e variáveis envolvidas.

Pensar de maneira estratégica é pensar como um líder, e, no processo de mentoring, o mentor deve se esforçar para que o mentorado desenvolva essa maneira de pensar e de agir. Uma forma clássica e resumida de definir os dois termos é a seguinte: *estratégia* refere-se ao *quê* e ao *porquê*, enquanto *tática* é o *como*.

O pensamento estratégico reconhece tendências e padrões de comportamento do mercado e é capaz de antecipar mudanças, prever ganhos e ter um repertório de medidas eficientes a serem tomadas diante de diferentes conjunturas. Nessa forma de pensar, também está incluída a visão de negócio, a razão de existência da organização, o diferencial que a torna relevante e o papel que deve ter no futuro.

Já a visão tática tem a ver com mão na massa, com a importância de o trabalho ser concluído de maneira eficiente para atingir os objetivos propostos e garantir eficiência e qualidade a todos os movimentos produtivos.

É claro que toda organização necessita tanto da visão estratégica quanto da tática, mas nos bons líderes deve prevalecer aquela que o faça inclinar-se mais sobre os aspectos estratégicos da gestão.

O mentor, por seu lado, deverá saber como introduzir esse pensamento ao seu mentorado. Ele deve refletir sobre o cotidiano da organização, analisar de que maneira esse cotidiano se encaixa na visão estratégica da empresa, e concluir de que forma o trabalho do seu mentorado pode incrementar ou comprometer os objetivos estratégicos empresariais. Há livros, *cases*, palestras e publicações a serem indicados para o mentorado. Certamente, experiências pessoais do mentor são capazes de mostrar ao mentorado as implicações do pensamento estratégico no dia a dia.

O equilíbrio entre essas duas formas de pensar – estratégica e tática – é algo que deve ser cuidadosamente exposto para o mentorado. Ninguém precisa, obrigatoriamente, se inteirar do movimento na bolsa dos países asiáticos um dia antes de analisar o *share* de vendas da empresa no mercado de Curitiba, mas, certamente, um líder terá de se inteirar das tendências do mercado no momento em que decidir fechar uma *joint-venture* com uma empresa chinesa. O pensamento estratégico se dá, também, na prioridade atribuída às tarefas no dia a dia, nas escolhas do que vale a pena insistir e do que pode ser protelado ou até abandonado, na decisão em favor de um benefício de maior peso para a organização.

História real
O CASO DOS CURRÍCULOS OCULTOS

O anúncio de que aquela grande mineradora iria desativar as operações no interior do Pará provocou, como era previsível, uma grande inquietação entre os quase 10 mil moradores que viviam na vila operária construída junto às instalações de exploração de minério de ferro da empresa. Um pacote de benefícios, que incluía indenização em dinheiro, cobertura estendida por um dos planos de saúde e outras facilidades, fazia parte do processo de demissão. Além disso, profissionais com experiência na área de RH integravam um programa que se propunha a recolocar no mercado de trabalho e reorientar a carreira dos profissionais que ficariam sem emprego ou sem o serviço gerado pelo empreendimento que cerrava as portas.

Escolas, postos de saúde, restaurantes, oficinas, locadoras de vídeo... Tudo iria ser fechado. Dali a algum tempo, só o mato progrediria naquela cidade fantasma. O clima na vila operária era, portanto, sombrio. Alguns chegavam a se desesperar com a perspectiva de ter de recomeçar a vida profissional. Uma dessas pessoas era Francisco, que administrava o restaurante da empresa. Da sua cozinha, saíam 6 mil refeições por dia, que eram servidas para três turnos de funcionários. Aos 45 anos de idade, vindo de Betim, Minas Gerais, mas há muitos anos ali no interior paraense, Francisco sentava-se, cabisbaixo e deprimido, diante de Cristina. "Eu me sinto cansado e desanimado", dizia com a voz fraca. "Passei muitos anos como gerente do restaurante, não sei fazer mais nada além disso, não tenho dinheiro para abrir um negócio próprio, como vou fazer para sustentar minha família?".

Experiente *coacher* e mentora, Cristina integrava o time de profissionais encarregados de sugerir estratégias para os ex-funcionários conseguirem outros postos de trabalho no mercado. "Calma, Francisco", disse ela. "Responda-me algumas perguntas antes de começarmos nossa conversa: Você sabe identificar o que as pessoas precisam comer?". Ele respondeu: "Uai, claro, sei sim". Cristina continuou sua série de perguntas: "Sabe planejar a refeição deles? É capaz de selecionar pessoas habilitadas a preparar os alimentos? Consegue saber se os produtos que compra têm qualidade? Sabe dizer que quantidade de carne satisfaz uma pessoa em uma refeição ou a quantidade de vagem que deve ir no prato? Sabe como conservar os alimentos, sejam eles crus ou cozidos? Sabe o que deve ficar na geladeira e o que pode ficar fora?". Francisco ia se animando enquanto respondia "sim" a todas as perguntas. "Você sabe selecionar e negociar com fornecedores? Sabe montar as porções? Sabe calcular quantidades de alimento?". Por fim, Cristina disse: "Agora, uma última pergunta, Francisco, você sabe escrever?". Sim, Francisco sabia ler e escrever.

Nos encontros seguintes, Cristina aprofundou a discussão das habilidades de Francisco. "Você pode fazer muitas coisas, Francisco. Temos de avaliar se seus conhecimentos servem para uma cadeia de supermercados, para gerir outro restaurante, para trabalhar em um atacadista de cereais...". Para isso, organizaram a maneira de o antigo gerente de restaurante apresentar suas habilidades, examinaram algumas possibilidades de mercado.

Nessa mesma época, a mentora também atendia Lucíola, diretora da escola que era mantida pela mineradora. A professora deixara, quase dez anos antes, o cargo de diretora em um jardim da infância em Belém para dirigir a escola de primeiro grau que a empresa mantinha para os filhos dos empregados. Lucíola angustiava-se com a iminência do desemprego. Depois de tanto tempo longe da capital, teria de refazer contatos para conseguir um emprego semelhante ao que ocupava.

Cristina fez com ela o mesmo exercício que fizera com Francisco: de inventariar sua "mochila". "Você sabe detectar, tanto em crianças quanto em adultos, o que eles precisam aprender? É capaz de encontrar os recursos e meios necessários para essas pessoas se engajarem com sucesso em um processo de aprendizagem? Você tem habilidade em comunicar às pessoas o que você está pensando? Sabe escrever com clareza?" Lucíola respondeu com um "sim" a todas as perguntas.

O que Cristina fazia ali com aquelas duas pessoas era um *assessment*, ou seja, o levantamento das habilidades de alguém, dos conhecimentos que a pessoa guarda em sua metafórica mochila e que podem ser de fundamental importância para o desenvolvimento de tarefas diversas daquelas às quais ela está habituada e exerce profissionalmente. Uma espécie de currículo oculto, que quase nunca aparece em uma descrição formal dos conhecimentos de alguém. Esta é uma prática habitual no mentoring e, muitas vezes, os próprios mentorados se surpreendem com a riqueza de possibilidades que os conhecimentos que adquiriram, ou suas habilidades inatas, podem abrir para atividades profissionais ou pessoais até então não imaginadas.

Alguns meses depois, quando a vila de operários já havia sido completamente desativada, Cristina recebeu um telefonema de Francisco, o ex-gerente do restaurante dos funcionários da mineração. Havia dado uma guinada em sua carreira, ele contou entusiasmado. Havia se mudado para São Paulo. Com seus conhecimentos, fora convidado para uma cadeia de *fast-food*. Sua função era escrever manuais, detalhando processos de produção, apresentação e entrega dos alimentos.

Teve, ainda, notícias de Lucíola. Ela, agora, trabalhava em uma empresa que prestava serviços para sindicatos e associações de classe, promovendo seminários e cursos de treinamento, e organizando eventos, assim como a comunicação interna e jornais. Com a habilidade em reconhecer necessidades de aprendizagem, organizar o conhecimento, orientar palestrantes e professores, e sua facilidade de expressão, qualidades que havia aperfeiçoado no período em que dirigira a escola, havia obtido sucesso na nova carreira que iniciara.

História real
O *CONTROLLER* TIRA A PLAQUINHA DO TRASEIRO

Na primeira reunião em que iniciaria o processo de mentoring, Josias, o mentor, passou por uma situação embaraçosa. Aconteceu logo no primeiro minuto do primeiro tempo. Ao se apresentar com um aperto de mão para o seu mentorado, José Carlos, ele disse: "Muito prazer, Ifan, meu nome é Josias e vou ser...". O resto da frase ficou inaudível diante da gostosa gargalhada que José Carlos deu: "Ifan, Josias, você me chamou de Ifan? Meu nome é José Carlos. Estou vendo que alguém da empresa quis fazer você de bobo!".

Josias ficou vermelho como um caqui e seus olhos arregalaram-se como dois CDs. "Sim, sei que é José Carlos, mas é que me disseram que você fazia questão de ser chamado de Ifan, desculpe, mas...". José Carlos, sempre rindo, interrompeu: "Ah, não precisa ficar tão constrangido assim, é que o meu apelido na empresa era Iphan, com 'ph', de Instituto do Patrimônio Histórico e Artístico Nacional. Meus colegas me cutucavam por eu ter passado 33 anos na companhia, diziam que eu devia ser tombado pelo Patrimônio e que tinha até uma plaquinha no traseiro com o meu número de controle do patrimônio da empresa. A minha placa teria o número três, mais nova apenas do que as dos dois sócios fundadores".

O bom humor relaxado de José Carlos criou imediatamente uma boa conexão entre ele e Josias. Aos 60 anos de idade, praticamente toda a vida profissional investida no controle financeiro daquela bem-sucedida fabricante de embalagens industriais especiais, ele acabara de entrar no momento mais desafiador de toda a sua carreira. A empresa, depois de reinar quase absoluta no mercado de São Paulo e da Região Sul do País, preparava-se para se aventurar em outros países latino-

-americanos. Para isso, promovera uma grande renovação interna. Era uma empresa familiar e tinha planos de atrair algum investidor externo para a necessária alavancagem. No processo de mudança, José Carlos havia sido demitido.

Mas não fora uma demissão sumária, definitiva. Os sócios, que agora já não eram mais apenas donos das plaquinhas números um e dois, mas também três de seus filhos, propuseram a José Carlos que continuasse a lhes prestar serviços. Não mais para a empresa, mas controlando os bens, as contas e os investimentos pessoais que haviam acumulado naqueles últimos anos.

Os antigos patrões respeitavam o talento, a inteligência e a seriedade de José Carlos. E gostavam dele. Tanto que haviam contratado Josias, um mentor externo à organização, para acompanhá-lo neste momento desafiador. Além disso, José Carlos conhecia o negócio e as pessoas. Os sócios o orientaram em como deveria proceder: "Abra uma empresa, alugue um escritório, coloque computadores, telefone e passe a fazer nosso controle tributário e a administrar os nossos bens".

Desde o anúncio da demissão e da oferta do novo trabalho, José Carlos se angustiava. Nunca havia sido empresário, explicava. "Só tinha duas tarefas na vida, entregar o melhor resultado e conseguir fazer esse resultado com boas relações. Nunca me preocupei se tinha uma cadeira, uma mesa grande, um computador moderno, se havia um *software* financeiro mais moderno que o meu", dizia a Josias. Agora, continuava ele, era obrigado a pensar em tudo, tomar decisões e correr riscos. Quem poderia ajudá-lo?

Se a necessidade era saber como instalar o escritório, os móveis adequados, os computadores e os programas necessários, o melhor seria um mentor técnico, disse Josias. Ele poderia lhe apresentar um. Caso precisasse desenvolver rapidamente as competências para "tornar-se empresário", como dizia José Carlos, um *coach* seria de grande ajuda para superar a sua história pregressa de trabalhos previsíveis e regrados.

Mas havia outra necessidade, dizia Josias, que apenas o processo de mentoring poderia atender. José Carlos estava com 60 anos. Se não houvesse ocorrido a sua demissão, ele teria ainda quatro, cinco anos para se aposentar. O fato de ter perdido um emprego, mas ter mantido um trabalho, era, dadas as circunstâncias, uma boa notícia, mas poderia tornar-se um pesadelo, já que ele não estava preparado para caminhar exclusivamente com as próprias pernas nem para ter de adiar planos e estender o seu prazo de atuação profissional. Enfim, ele nunca havia pensado naquilo tudo que lhe era colocado assim, de repente, sem qualquer preparação. E, agora, teria de procurar dentro de si o desejo e a energia para que as coisas acontecessem. Para isso é que havia sido inventado o mentoring.

Há pessoas que, em situações parecidas adoecem, têm um enfarte. "Sua sorte foi ser contemplado com a inteligência e o interesse de seus chefes, que o orientaram a buscar ajuda para se atualizar. Isso transforma essa condição adversa em uma oportunidade", disse-lhe o mentor. "E é nisso que vamos trabalhar; pensar nos novos rumos da vida e da carreira, em como você pode transformar a si mesmo para fazer frente a novos projetos."

Novas questões se apresentavam agora para José Carlos. Era preciso arrancar a plaquinha de patrimônio histórico do traseiro. Ele já não podia mais pensar em si como um contador. Os resultados que iria perseguir já não eram para amanhã ou para um ano. Uma nova empresa se abria. Ele, agora, era um empresário, e o horizonte do seu empreendimento deveria ter cinco, dez anos de extensão.

Não era possível ter compromisso com aqueles empresários e seus jovens filhos, a não ser que montasse uma estrutura capaz de responder às necessidades deles em prazos longos. "Conte para mim, José Carlos, daqui a dez anos, como você vai querer que seja a sua empresa?".

A conversa nas sessões entre os dois se desenvolvia a partir dessas questões. O que ele temia quando pensava nos trabalhos pelos próximos dez anos? Qual era sua principal força? O que tinha certeza de que poderia fazer sem qualquer temor? Se a missão da sua vida tinha sido, até ali, entregar um bom trabalho todo mês e esperar os anos passarem para, finalmente, passear com os netinhos na praça, os novos tempos exigiam outra energia, outra estrutura de trabalho, outro ritmo.

O que ele havia acumulado de conhecimentos naqueles anos todos? O que havia na sua bagagem de conhecimento, tanto técnico quanto subjetivo? Dali a uma década, ele teria 70 anos de idade. Teria um sucessor? Formaria alguém? Como se prepararia para manter o vigor físico até lá? Será que agora não era o momento de realizar sonhos e materializar projetos guardados no fundo da sua mente e que nunca haviam encontrado chance para desabrochar?

E como se relacionaria com os clientes? Eles não eram mais aqueles patrões diante dos quais ele se sentava e fazia relatórios. Ele não lhes devia mais obediência. Agora, sua missão era cativá-los, encantá-los e, eventualmente, sair para o mercado à procura de outros clientes para fazer prosperar o negócio. Estava preparado para lidar de outra maneira com os antigos patrões? Sabia encantar clientes? Tinha conhecimento do valor que poderia agregar aos negócios dos que o contratariam?

José Carlos já havia providenciado um sócio, o que colocava mais assuntos na pauta das reuniões. Quais são os termos dessa associação? Qual é esse acordo? Você sabe dividir interesses, abrir mão de algo, exigir o que lhe é devido? Em um momento de ruptura, como você age? Está lá, bem escrito no contrato, o item que determina como vocês poderão se separar, caso o negócio se transforme e você não queira mais a sociedade? Porque, agora, você é o empresário com uma oportunidade, não é mais a extensão da empresa. Não é mais móveis e utensílios. Você se sente à vontade para separar-se de seu sócio? Para demitir? Para fazer alianças?

Todas essas perguntas eram questões tratadas em um processo de mentoring. Análise de competências, qualidade de trabalho e metas podem ser consideradas assuntos típicos do *coaching*, mas são usadas pelos mentores no processo. Diz-se que o *coaching* está dentro do mentoring, e o mentoring sempre é mais abrangente do que o *coaching*.

Até o final do processo de mentoring, José Carlos havia se transformado em alguém ansioso para empreender. Atendeu bem aos seus clientes, matriculou-se em um MBA, participava de congressos, coisas que nunca havia feito anteriormente. Nas festas da antiga empresa, sempre era convidado pelos ex-colegas, que ainda o chamavam de seu Iphan. Mas José Carlos virava-se de costas e, com gestos exagerados, dava um tapa no próprio traseiro, dizendo: "Iphan, pode ser, mas a plaquinha do patrimônio eu já tirei e nunca mais vou colocar".

Capítulo 6

OS TEMAS ESTRATÉGICOS DE MENTORING

Diferentemente de outras ações de desenvolvimento de pessoas, o mentoring leva em conta as múltiplas dimensões do profissional. Dessa maneira, temas como o perfil, a performance, o *know-how* e o *background* do mentorado são tratados nas reuniões

O mundo profissional em que nos movimentamos é formado por uma grande rede de trocas e interações similar àquela existente na natureza. O mercado, com o seu conjunto de indústrias, instituições financeiras e prestadores de serviços, lembra o nosso planeta e seus diferentes climas, paisagens e topografia. Os nichos ecológicos, com seus microclimas e particularidades que exigem um esforço de adaptação dos seres vivos que neles habitam, são as organizações, com suas culturas e métodos gerenciais próprios. Por fim, nós, com toda a nossa parafernália eletrônica e pastas, somos seres que usam experiências, habilidades e conhecimento para tentar, nesses territórios corporativos, tornar reais nossas aspirações.

Da mesma maneira que as relações entre os seres vivos e os diversos ambientes não podem ser compreendidas ou manejadas sem levar em conta as suas influências recíprocas, no processo de mentoring, os diferentes contextos corporativos e as distintas faces da nossa estrutura cognitiva também devem ser entendidos como partes de um processo no qual há trocas e interpenetrações. Assim, um processo de mentoring só será eficiente se a sua ecologia for levada em conta. Dessa maneira, estará garantida a eficácia dos projetos de vida e de carreira que se pretende proporcionar ao mentorado.

Tratar da influência e das exigências das duas dimensões profissionais – o mercado e o contexto empresarial – e inventariar elementos fundamentais da vida profissional – perfil, performance, *know-how* e *background* – são os temas estratégicos a serem tratados no mentoring. Tais elementos constituem capitais acumulados na trajetória da vida e da carreira e, embora estejam disponíveis na memória de seus protagonistas, costumam ser pouco valorizados e, muitas vezes, nem mesmo usados para alcançar as demandas pretendidas.

No diagrama a seguir apresentamos a maneira como esses diversos aspectos se relacionam.

Embora as dimensões profissionais e os elementos constitutivos do perfil pessoal se inter-relacionem, eles têm desenvolvimento próprio. O funcionamento do mercado, por exemplo, irá variar de acordo com a área de atuação da empresa ou com a forma como as variáveis impostas pela conjuntura econômica as afetam individualmente. Da mesma maneira, o contexto empresarial muda à medida que cada empresa tem sua própria dinâmica de funcionamento e uma cultura particular. Também é desnecessário dizer que não há duas pessoas que processem de maneira idêntica as informações e os aprendizados que recebem ao longo da vida, exibindo, portanto, o mesmo perfil, a mesma bagagem cultural e as mesmas habilidades.

As mudanças dos contextos empresariais e de mercado vão criando, de maneira contínua, exigências de aprendizagem e transformação para as pessoas. Mas, mesmo nesses contextos tão mutantes, os temas de mentoring citados são capazes de nortear as conversas entre mentor e mentorado, independentemente de suas histórias e contextos. A partir desses temas é possível determinar os pontos fortes e aqueles que devem ser desenvolvidos e enfrentados pelo mentorado para atingir suas conquistas, tanto no plano pessoal quanto no de sua carreira.

O *KNOW-HOW*

Soma de todo o conhecimento acumulado ao longo da vida, o *know-how* se caracteriza por um "saber fazer" que diferencia cada indivíduo de seu semelhante. Retrata, ainda, a capacidade para novos aprendizados e novos temas a serem absorvidos. Também poderíamos definir *know-how* como o resultado da transformação da informação em um dado que tenha uma aplicação prática, da transformação do conceito em ação e da inteligência em sabedoria.

No processo de mentoring, a análise do *know-how* é capaz de trazer informações muito ricas, tanto sobre o conhecimento formal, que está na bagagem do mentorado, quanto sobre a maneira como este decidiu conduzir sua formação. A maioria de nós escolhe uma formação profissional em virtude de alguma inclinação pessoal, como, por exemplo, gostar de matemática ou de ter facilidade e apreciar relacionar-se com pessoas. Também podemos escolher uma carreira inspirados pelo exemplo de alguém por quem temos admiração, quase sempre nossos pais. No entanto, como as atividades no mundo do trabalho são cada vez mais diversificadas, é comum termos de exercer funções para as quais não recebemos uma formação específica ou que nem mesmo existiam quando entramos para a universidade.

É importante entender as motivações que movimentaram e movimentam as escolhas profissionais do mentorado. A partir disso, podem ficar mais evidentes os pontos de melhoria que devem ser trabalhados com maior urgência, assim como os cursos mais indicados ou mesmo a necessidade de uma mudança profunda de rumo na sua formação profissional. A análise da maneira como essa formação foi feita é, também, uma oportunidade de trazer à luz dificuldades e bloqueios de ordem pessoal, que podem, eventualmente, afetar o desenvolvimento do mentorado.

O INVENTÁRIO

Descrever o nosso *know-how* não se limita a listar cursos de graduação, pós--graduação, MBAs e treinamento que fizemos. É muito mais, uma vez que se relaciona com diferentes dimensões do nosso conhecimento, tais como a experiência em alguma habilidade manual, o aprendizado na resolução de problemas que não podem ser solucionados apenas com a aplicação de respostas mecânicas, o desenvolvimento da sensibilidade para entender mensagens não verbais ou, ainda, o aprendizado no tratamento com pessoas de diferentes culturas, raças e comportamentos.

O *know-how* é, em essência, um conhecimento tático, ou seja, uma maneira própria de coordenar e harmonizar, pela observação ou pela prática, conhecimentos formais com experiências adquiridas e escolhas culturais ou éticas. Assim, um período de estudos ou de trabalho no exterior, o trabalho como voluntário em alguma ONG ou o domínio de uma língua estrangeira podem transformar nossa maneira de ver o mundo e nos fazer descobrir habilidades até então desconhecidas. Essas experiências, portanto, devem ser consideradas como parte integrante do nosso inventário.

A seguir, apresentamos, sugestivamente, um roteiro para sistematizar a descrição do *know-how*.

Formação acadêmica

Relacionar cursos regulares, especializações e cursos complementares, com o nome das instituições de ensino e/ou entidades frequentadas, períodos em que os cursos foram realizados, se foram no Brasil ou exterior e respectivas cargas horárias.

Curso superior	Local	Data
Pós- graduação (MBA, mestrado, doutorado)		
Cursos de especialização		
Cursos complementares (cursos técnicos, informática, gestão, etc.)		

Experiência extra-acadêmica

Formação extra-acadêmica é aquela proveniente de experiências com o potencial de acrescentar conhecimentos às pessoas, como aprender um idioma, morar no exterior, fazer viagens significativas, que tragem um conhecimento extraordinário sobre outras culturas, manifestações artísticas, movimentos políticos, etc.

Idiomas	Inglês	Espanhol	_____	_____
Fluência • R: Regular • B: Boa • O: Ótima	R☐ B☐ O☐	R☐ B☐ O☐	R☐ B☐ O☐	R☐ B☐ O☐
Experiência internacional				
Motivo • T: Trabalho • E: Estudo	T☐ E☐	T☐ E☐	T☐ E☐	T☐ E☐
Período	_/_/_ a _/_/_	_/_/_ a _/_/_	_/_/_ a _/_/_	_/_/_ a _/_/_
Duração • 6: até 6 meses • 12: até 12 meses • +12: mais de 12 meses	6☐ 12☐ +12☐	6☐ 12☐ +12☐	6☐ 12☐ +12☐	6☐ 12☐ +12☐

Gostos e inclinações

Não raro, recrutadores de pessoas pedem-lhes que relacionem as atividades exercidas fora do ambiente de trabalho, tais como *hobbies* ou atividades sociais e de lazer. Mas, em geral, os candidatos não sabem responder a essa pergunta, assim como quem perguntou parece não saber o que fazer com essa informação.

No entanto, é importante identificar esses interesses, pois, quanto mais a gama de atividades e interesses de alguém for além do simples "ganhar dinheiro e sobreviver", maior será sua capacidade de transitar em diferentes contextos. A prática de esportes, de atividades artísticas, de habilidades musicais ou manuais ou de outras relacionadas à obtenção de conhecimentos diferentes daqueles de sua formação, como, por exemplo, alguém formado na área de Exatas que se interessa por política, antropologia, filosofia etc., dão uma mostra clara de que a pessoa é capaz de fazer conexões mentais com muito maior amplitude.

O BACKGROUND

Assim como na vida pessoal, em nossa carreira também vivemos uma sucessão de experiências, que são percebidas e processadas de maneira bem diferentes no tempo, de acordo com a nossa maturidade e o estado mental vigentes. São momentos em que a nossa trajetória é submetida a inflexões para cima e para baixo, como em uma montanha-russa, ou quando parece estacionar em alguma posição profissional pouco desafiadora ou quando estamos momentaneamente fora do mercado, no caso de perda do emprego.

Para cada um desses instantes, há uma experiência específica que vivemos e que deixa suas marcas em nossa atitude mental. É o entrelaçamento dessas experiências acumuladas ao longo da trajetória profissional de uma pessoa, somado aos seus antecedentes culturais, familiares e educacionais, que constitui o seu *background*. E, já que não temos total controle sobre os rumos que a nossa vida pode tomar, o pulo do gato está em aproveitar todos esses momentos e transformá-los em uma reserva de sabedoria estratégica para responder, com mais possibilidades e recursos, às inevitáveis reviravoltas em nossa vida e carreira.

Todos temos, portanto, nosso *background,* mas nem sempre temos clareza de como podemos acessar essa "memória estratégica" nos momentos em que estamos passando por situações similares àquelas já experimentadas e, assim, darmos uma resposta de qualidade ao desafio que se coloca diante de nós. Essa é a razão pela qual fazer o inventário desse acervo e aprender a lançar mão de seu conteúdo são atividades de grande importância no processo de mentoring.

Um exemplo para mostrar a importância que nosso *background* pode ter para nos habilitar a enfrentar desafios profissionais, por mais que estes pareçam inteiramente inéditos ou estar além de todas as habilidades que acreditamos possuir: um belo dia, seu CEO o chama à sua sala e diz que é absolutamente estratégico para a empresa conquistar um espaço no mercado chinês e que gostaria que, em um mês, você se mudasse para Pequim e assumisse essa tarefa, mas você nunca foi à China, não fala mandarim e nunca abriu mercado algum – em outras palavras, você não tem a mínima ideia de como fazer isso.

Este é o momento de fazer um inventário dos recursos de que dispõe, e uma boa forma de fazê-lo é relembrando a sua carreira ou os momentos de sua vida pessoal em que tenha vivido situações parecidas. Como você se virou na primeira vez em que foi sozinho a um país estrangeiro, sem saber falar seu idioma, e teve de se informar sobre um endereço, marcar uma reunião com alguém ou tratar de algum assunto em uma repartição pública? Lembrar-se de quais foram os mecanismos mentais utilizados para solucionar essas situações farão com que você perceba as habilidades que tem para resolver desafios como a conquista do mercado chinês e outros similares.

A mesma estratégia é eficaz nos momentos em que o gráfico da sua trajetória profissional aponta para baixo. A força que você reuniu no passado para superar um fracasso no vestibular, a frustração de não conseguir ser admitido naquele emprego dos sonhos ou até mesmo para esquecer uma decepção amorosa tem, em sua origem, o mesmo combustível que será usado para dar a volta por cima na eventualidade de uma demissão ou quando for preciso dar uma guinada na carreira.

ACESSAR O REPERTÓRIO É ESSENCIAL PARA APRENDER A DECIDIR

O *background* não é um arquivo morto, no qual as experiências passadas ficam esquecidas, acumulando poeira. Ao contrário, é uma dimensão mental que deve ser constantemente enriquecida com novas experiências e colocada em movimento. Isso mostra a importância de estarmos sempre abertos e à procura de novas experiências. Sem elas, corremos o risco de nos tornar repetitivos, paralisados, e de acabar sendo atropelados por aqueles que estão se inovando. Ficar parado é tornar-se irrelevante para as exigências do mercado.

Mentores e mentorados têm diferentes níveis de maturidade e, naturalmente, *backgrounds* diversos. No processo de mentoring, essas experiências são trocadas, para proveito das duas partes, mas, certamente, o mentorado é o que tem mais a ganhar em um quesito de grande relevância: aprender a tomar decisões. Saber decidir é o que torna alguém um líder. E decidir é exatamente fazer com que o seu *background* deixe de ser apenas memória e se transforme em ação.

Quando revemos nosso *background*, o que encontramos são os momentos em que tomamos decisões importantes. Ao examinar cada um desses instantes, é possível refletir sobre o que foi e o que não foi um ganho para si mesmo, de que forma aquelas experiências foram capitalizadas ou quanta força se perdeu no processo. Nesse mergulho em seu próprio *background* detecta-se quais foram as competências usadas ou quais poderiam ter sido acionadas, mas não foram. E essas experiências, boas ou ruins, podem ser recuperadas, pois nada é apagado da nossa mente, e trazidas para o momento presente, inspirando-nos e impelindo-nos a seguir adiante.

O mapa do caminho

Conhecer os próprios valores, atitudes e padrões de comportamento, assim como os maiores sucessos e fracassos, ajudará tanto o mentor quanto o mentorado a identificarem os pontos fortes a serem desenvolvidos ao longo do processo de mentoring. Isso é de grande importância para determinar quais ações são prioritárias na tarefa de tornar o mentorado preparado para alcançar suas aspirações de vida e carreira, o "plano de vida" que está no centro da figura (pág. 80) que ilustra este capítulo.

O mentorado pode receber do seu mentor vários estímulos para se conhecer, profissional e pessoalmente, com maior profundidade, e os mecanismos de que este pode se valer são as conversas, nas quais a reflexão, a imaginação, a troca de informações, a análise crítica e a construção de novos conceitos e ideias podem inspirar novas formas de pensar, revisão de crenças e abertura para receber o novo e desenvolver uma percepção ampliada do mundo.

O mentor poderá ainda lançar mão de ferramentas e recursos estruturados de pesquisa, como o quadro de avaliação das aplicações e experiências práticas do mentorado, que apresentamos a seguir.

Histórico profissional

Resumo da trajetória profissional do mentorado, incluindo até mesmo as atividades em que não tenha havido vínculo empregatício formal.
- Cargo ou posição ocupada: _____
- Área: _____
- Período: _____
- Número de subordinados diretos: _____

Experiência profissional

1. Descrição dos conhecimentos e experiências adquiridos pelo mentorado, que tenham sido relevantes para o desenvolvimento de sua carreira e para a conquista da sua visão ou plano de vida.
   - Atividade ou projeto: _____
   - Resultados alcançados ou impactos na empresa: _____
   _____
   - Dimensão da atividade, como abrangência, recursos humanos, tecnológicos e financeiros envolvidos: _____
   _____

2. Trajetória profissional do mentorado no episódio descrito anteriormente, explorando três vertentes:
   - Que conhecimentos foram adquiridos e que problemas esses conhecimentos permitem resolver?

- Que ações o mentorado adotou para solucionar esses problemas?
- Que resultados foram alcançados?

3. Inventário das competências das quais o mentorado teve de lançar mão para resolver os desafios apresentados.

Exemplo de como o exercício de identificação das competências relacionadas a uma determinada tarefa pode ser feito

Suponhamos que o mentorado tenha sido o responsável pela administração, tanto das pessoas quanto dos processos envolvidos, das obras de construção de um grande galpão industrial, trabalho este que foi concluído com sucesso – essa foi a ação relevante em sua carreira. Para isso, ele mostrou excelência nas competências cujo foco é a geração de resultados, tais como organização, compromisso com o cliente e tempo de execução, e naquelas que envolvem conhecimentos técnicos, como domínio de matemática financeira, além de conhecimentos sobre medições e faturas.

Verbos que conjugo

O mentorado deve refletir sobre a sua performance e completar as três listas propostas:

- *Cinco verbos a serem mantidos, por serem os mais importantes para sua história presente e futura*

    1. _____
    2. _____
    3. _____
    4. _____
    5. _____

- *Cinco verbos a serem eliminados da sua trajetória*

    1. _____
    2. _____
    3. _____
    4. _____
    5. _____

- **Cinco verbos cujas ações é preciso aprender**
    1. _____
    2. _____
    3. _____
    4. _____
    5. _____

Se necessário, consulte o quadro a seguir para lembrar-se das várias opções de verbos:

Aceitar	Captar	Criar	Encaminhar	Improvisar
Aconselhar	Checar	Criar esquetes	Encomendar	Influenciar
Adaptar	Chefiar	Dar seguimento	Encontrar	Iniciar
Adestrar	Classificar	Decidir	Enfatizar	Inovar
Administrar	Coletar	Definir	Enfrentar	Inspecionar
Adquirir	Coligir	Deliberar	Enfrentar dificuld.	Inspirar
Agendar	Combinar	Descobrir	Ensinar	Instalar
Agir	Compilar	Desempenhar	Explicar	Instituir
Agrupar	Completar	Desenvolver	Expressar	Instruir
Ajudar	Compor	Desviar	Extrair	Inventar
Ajuizar	Compreender	Detalhar	Falar	Inventariar
Ajustar	Computar	Detectar	Fazer	Investigar
Alcançar	Comunicar	Determinar	Fazer reparos	Jogar
Analisar	Conceber	Diagnosticar	Financiar	Julgar
Antecipar	Conceitualizar	Digitar	Fixar	Lavar
Aperfeiçoar	Conduzir	Direcionar	Formar equipes	Ler
Apreender	Conferir	Dirigir	Formular hipóteses	Lidar
Aprender	Conservar	Dispensar	Fornecer	Liderar
Arbitrar	Consolidar	Dispor	Fotografar	Manipular
Armazenar	Construir	Dissecar	Generalizar	Manter
Assumir responsa-bilidades	Contar	Distinguir	Gerenciar	Manusear
	Contextualizar	Distribuir	Gravar	Mapear
Atender	Cooperar	Dramatizar	Guiar	Mediar
Atingir	Coordenar	Editar	Identificar	Memorizar
Atualizar	Copiar	Elevar	Ilustrar	Mensurar
Avaliar	Correr riscos	Eliminar	Imaginar	Ministrar
Calcular	Corresponder	Empreender	Implementar	Modelar
Cantar	Costurar	Encabeçar	Imprimir	Modernizar

Moldar	Prescrever	Reconciliar	Separar	
Ofertar	Prever	Recordar	Simbolizar	
Operar	Produzir	Recrutar	Sinergizar	Transmitir
Orçar	Proferir	Reduzir	Sintetizar	Treinar
Organizar	Programar	Reforçar	Sistematizar	Tutorar
Orientar	Projetar	Refutar	Solucionar	Unificar
Originar	Promover	Relacionar	Substituir	Unir
Ouvir	Proteger	Repartir	Sumariar	Usar
Perceber	Prover	Representar	Supervisionar	Utilizar
Persuadir	Providenciar	Resolver problemas	Suscitar	Valorizar
Pesquisar	Publicar	Restaurar	Testar/provar	Vencer
Pilotar	Questionar	Reunir-se	Tomar	Vender
Pintar	Reabilitar	Rever	Tomar instruções	Verbalizar
Planejar	Reaver	Revisar	Trabalhar	Verificar
Preencher	Receber	Seguir	Traduzir	Viajar
Preparar	Recomendar	Selecionar	Transcrever	

A PERFORMANCE

No processo de mentoring, ao contrário do que aconteceria em uma dinâmica de *coaching*, é muito mais relevante procedermos à análise de como o mentorado se movimenta para atingir os resultados esperados pela organização do que examinar os resultados, propriamente ditos. A performance é a maneira como alguém utiliza seus *know-how* e *background* para concretizar uma entrega específica. Interferir sobre a forma como essa ação se desenvolve para lhe dar maior qualidade é o que se busca no mentoring.

A conversa sobre performance remete para a reflexão sobre o papel da pessoa dentro da organização. Colocado de uma maneira simples, as organizações contratam uma pessoa para que esta entregue um resultado específico, e isso a obriga a assumir determinadas posturas e atender a expectativas específicas.

No entanto, para dar conta de alcançar o objetivo para o qual foi contratado, não basta utilizar conhecimentos técnicos e uma estratégia de ação. Toda organização tem seus próprios padrões, maneira de funcionar, cultura e disciplina funcional. Um recém-chegado a uma empresa ou a uma posição tem de conhecer essa disciplina funcional, que envolve disciplina de horários, disciplina de tempo e disciplina hierárquica, entre outras. Se uma dessas disciplinas não for respeitada, o trabalho não sai ou sairá a um custo muito alto, com a pessoa perdendo performance e importância dentro da organização e gerando resultados ruins para todos os envolvidos.

Há, portanto, um estado de prontidão necessário para apresentar uma boa performance. Muitas vezes, as pessoas enfrentam problemas com o acúmulo de tarefas e não sabem bem como planejar, organizar, acompanhar, controlar, estabelecer prioridades. É nesse momento que o mentor pode contribuir significativamente para que o mentorado desenvolva essas competências.

Tópicos para reflexão

A seguir, apresentamos alguns temas para reflexão que o mentor pode propor ao seu mentorado, sempre lembrando que, nas conversas de mentoring, determinados questionamentos podem ser decisivos para que este alcance o desempenho desejado.

- Como você pode melhorar sua entrega de resultados?
- Para você, o que é um bom resultado?
- Qual é o valor desse resultado?
- Quais as consequências desse resultado na cadeia de valor?
- Como você encaminha uma conversa sobre resultados com o seu superior imediato?
- Você conhece os códigos e as formas de relacionamento vigentes em sua organização?
- Até que ponto o seu perfil de atuação atende às demandas da organização?
- Você está satisfeito com a sua posição dentro da empresa?
- Você acha que seu salário, bônus e outras recompensas são justos diante do resultado que você entrega?
- Você já pensou em trocar sua posição atual por um cargo em outra organização?

A qualidade da entrega

Uma vez que a qualidade da entrega dos resultados é o que determina o grau de sucesso na carreira do mentorado, propomos aqui um exercício que estimula a reflexão sobre os vários aspectos que influenciam sua performance no trabalho. Para tanto, convide-o a autoavaliar alguns aspectos que têm influência direta sobre o seu desempenho, pedindo-lhe que avalie a sua satisfação com a sua própria eficiência em cada um dos itens apresentados.

Conceito*	1	2	3	4	5	6	7	8	9	10
Satisfação com o meu desempenho no trabalho										
Prazos que tenho para realizar os projetos										
Meu relacionamento com colegas e clientes										
Clareza sobre o meu papel e as minhas responsabilidades										
Minha condição de trabalho em equipe										
Meu gerenciamento de informações										
Minha organização										
Meu gerenciamento de tempo										

* Caso algum dos conceitos não se aplique ao seu trabalho, reescreva-o de forma mais adequada.

METAS PARA MELHORIA

Aqui, vamos partir dos itens da atividade anterior para os quais o mentorado atribuiu uma avaliação abaixo do esperado para sua performance. Esses itens, especificamente, serão o ponto de partida para o mentor encorajar o mentorado a fixar metas, ações e prazos para atingir melhores resultados.

Uma vez que essa busca por melhores resultados envolve o próprio mentorado, assim como sua equipe, seu superior imediato e seus pares, entre outros envolvidos, propomos que ele identifique as evidências de progresso que espera obter em cada área de sua vida.

Pessoal: _____

Liderança: _____

*Equipe:*_____

Carreira: _____

Profissional: _____

Aprendizagem: _____

O PERFIL

O objetivo último do processo de mentoring é transformar tanto o mentor quanto o mentorado. Para o mentor, essa mudança significa principalmente uma oportunidade de renovar sua visão profissional; para o mentorado, é proporcionada a chance de decolar na carreira ao agregar novos conhecimentos e amadurecer suas potencialidades, com o auxílio de alguém disposto a apoiá-lo desinteressadamente.

Para transformar sua energia potencial em ação, o mentorado, assim como o mentor, precisa conhecer em detalhes as características comportamentais e pessoais que o tornam um indivíduo único, com estilo e modo de funcionar próprios. Ou seja, ele precisa conhecer o seu perfil que, além de ser a reunião dessas características, reflete a capacidade de o indivíduo influenciar, comandar e relacionar-se com as outras pessoas.

No relacionamento interpessoal, o perfil manifesta-se pela imagem, pelos modos, pela linguagem, pelo comportamento e pelas posturas que exibimos ou usamos para fazer contato com as pessoas, e todos sabem como essas formas de expressão podem ser preciosas para gerar empatia ou, ao contrário, para gerar mal-entendidos e confusão.

Conhecer o nosso próprio perfil, com seus pontos fortes e fracos, é obrigatório. Ele é, em resumo, o que somos e como nos apresentamos. Somos escravos de nós mesmos, do nosso modo de ser. Podemos até tentar nos mostrar como alguém com pensamentos, opiniões e comportamentos diferentes dos que temos, mas só faremos isso por dez minutos, no máximo. Depois, voltamos ao normal, ou seja, retomamos nossa maneira habitual de ser e mostramos o que temos de bom e de ruim. Se reconhecermos que temos de transformar alguns aspectos da nossa personalidade, devemos saber que esta é uma decisão para a qual é preciso ter humildade e força de vontade. Humildade para reconhecer honestamente nossas falhas, algo que em geral relutamos muito em fazer, e força de vontade para transformar ou abandonar algumas características, que eventualmente temos e as identificamos como negativas e obstáculos ao nosso crescimento pessoal e profissional.

Essa transformação dificilmente consegue ser feita sem a ajuda de alguém. Sugerir essas mudanças, que podem se relacionar a uma vasta gama de situações, como o vocabulário, a maneira de se vestir, o comportamento à mesa, o tom de voz, oo comportamento em eventos, o relacionamento com subordinados e superiores hierárquicos, etc., é uma missão delicada, que exige habilidade e tato. No entanto, sugerir uma reflexão e questionar suas posturas diante das mais variadas situações são iniciativas que o mentorado deve esperar do seu mentor.

VER COM OS OLHOS DOS OUTROS

Em geral, por termos uma visão bastante condescendente em relação a nós mesmos, temos também uma grande dificuldade em fazer uma avaliação real de nossas forças e fraquezas. Quando temos sucesso, costumamos considerar que este é fruto exclusivo das nossas boas qualidades, esquecendo-nos de avaliar se tivemos a sorte de estar no lugar e na hora adequados ou se houve a contribuição de outras pessoas. Ao contrário, quando enfrentamos dificuldades, dizemos que foram provocadas pela incompetência, má vontade ou maldade dos outros, sem nos atribuir qualquer responsabilidade pelo eventual fracasso de um projeto ou de uma ação.

Essa maneira de pensar, que é parte integrante da nossa condição humana, nos impede de fazer uma análise realista e transformadora da nossa performance e de nossas competências. Como todos temos dificuldade em nos enxergar com olhos críticos, o *feedback* dos outros é um grande facilitador para essa percepção. Um bom mentor é capaz de dar um *feedback* direto e claro, mas a percepção de qualquer outra pessoa a nosso respeito – *feedback* indireto – também é uma fonte valiosa de autoconhecimento. O *feedback* indireto pode ser percebido avaliando-se desde a maneira como os outros nos tratam, nos pedem coisas, falam de nós até as piadinhas que fazem a nosso respeito e os apelidos que nos colocam... As pessoas sempre estão nos avaliando, e nós a elas, mas quase nunca direta e abertamente.

A LINHA DO TEMPO

Começar a refletir sobre o próprio perfil torna-se mais fácil quando puxamos pela memória para registrar os momentos mais relevantes da nossa vida e da nossa carreira. A proposta é que, ao relembrarmos os pontos mais significativos da nossa história, sejamos capazes de identificar as descobertas e os significados que as pessoas com quem convivemos ou os eventos pelos quais passamos trouxeram para o nosso desenvolvimento pessoal e profissional.

Inicialmente, o mentor deve sugerir ao mentorado que coloque em uma linha, em ordem cronológica, os principais marcos e eventos que tiveram impacto na sua vida – desafios, frustrações, vitórias e outros fatos transformadores. O início pode se dar em qualquer momento considerado relevante, mas, em geral, é quando as pessoas estão no colegial, às vésperas de escolher um curso superior, que elas começam a desenvolver habilidades e a experimentar as oportunidades que terão impacto sobre sua vida adulta.

Feita a cronologia, vem a reflexão sobre a importância relativa desses eventos na moldagem da maneira de ser do mentorado, e o mentor poderá facilitar-lhe a tarefa por meio dos questionamentos a seguir:

1. Descreva detalhadamente os três eventos que mais contribuíram para o seu desenvolvimento pessoal e aponte qual deles o afetou de maneira mais significativa. Explique a escolha desse fato específico.
2. Descreva as três vitórias mais importantes no campo pessoal ou profissional, explicando o seu papel em cada evento e a razão de você considerar que, em cada um deles, a vitória foi sua. Aponte o evento mais relevante.
3. Descreva os três maiores desafios que você enfrentou, explicando o motivo de você considerar tais eventos como desafios e a ação que executou para superá-los.
4. Compare o que você é hoje com o que você era cinco anos atrás e aponte a maior diferença entre esses seus dois "eus".
5. Faça um balanço sincero das principais competências e possibilidades que você tem hoje.
6. Identifique quais são os principais impedimentos que você está criando para si mesmo.
7. Relacione as ideias exageradas ou mesmo falsas que você costuma ter a respeito do seu papel na vida pessoal e profissional, do seu impacto no trabalho e sobre as pessoas, do seu valor e da sua autoconfiança.

VINTE COMPETÊNCIAS BÁSICAS

Há, é claro, várias competências pessoais que precisam ser dominadas para gerar resultados e lidar com habilidade com os relacionamentos que estabelecemos no ambiente de trabalho. Mas as competências técnicas que necessitamos dominar são, por sua vez, muito mais numerosas e variadas. Na década de 1970, criei o VECA® – uma ferramenta para auxiliar os departamentos de RH nos processos de seleção, avaliação e desenvolvimento de pessoas. Nessa ferramenta, agreguei uma lista de 20 competências básicas que os líderes deveriam dominar, das quais 12 têm o foco em geração de resultados e 8 em relacionamentos.

Conhecer tais competências e avaliar seu impacto sobre a performance no trabalho é um bom exercício, que pode ajudar o mentorado a entender melhor o próprio perfil.

As tabelas a seguir propõem um exercício de autoavaliação da estratégia de gestão, nas quais o mentorado pode atribuir-se uma pontuação para cada competência, em uma escala de 1 a 5, de acordo com a intensidade no uso de cada uma delas, e, depois, avaliar os resultados obtidos. Nessas tabelas, há uma pequena explicação de cada uma das competências, que são básicas a qualquer gestor.

Sobre as tabelas de competências

Nas tabelas existem dois campos: perfil atual e perfil desejado.

- Perfil atual diz respeito à intensidade com que determinada competência se manifesta naquele momento em uma pessoa, ou seja: quanto maior o valor atribuído a uma competência em "perfil atual", maior a intensidade. com que esta se manifesta.
- Perfil desejado refere-se ao nível requerido da mesma competência para a função que a pessoa deverá desempenhar em uma empresa; naturalmente, a intensidade de cada competência varia de acordo com a atividade que a pessoa supostamente exercerá. De um membro das Forças Armadas, por exemplo, espera-se que sua relação com a autoridade diferente daquela esperada de um jornalista. Da mesma maneira, um operador na bolsa de valores, do qual se espera decisões rápidas e ousadas no compra e venda de ações, terá dificuldades no desempenho de suas funções caso o seu nível de planejamento esteja em 5 e seu tempo de execução em 1.

Em geral, o perfil desejado é determinado pelos profissionais de RH da empresa, que têm uma descrição das competências exigidas para os cargos e as funções. A comparação das duas colunas, portanto, mostra os *gaps* entre o que a pessoa expressa profissionalmente, naquele momento determinado, e o que se espera dela. A partir desse diagnóstico, podem ser sugeridos treinamentos, cursos, *coachings* e mudanças de postura por parte do profissional ou, em alguns casos, reorientação de cargos e até mesmo de carreira.

COMPETÊNCIAS COM FOCO EM GERAÇÃO DE RESULTADOS

Planejamento. Capacidade de prever e projetar no futuro os desdobramentos de suas ações, conceituando e aprofundando o entendimento das situações para estabelecer e prover de objetivos sua estratégia. A eficácia com que planeja atividades, definindo estratégias e necessidades para a sua execução.

Perfil atual					Perfil desejado				
1 ☐	2 ☐	3 ☐	4 ☐	5 ☐	1 ☐	2 ☐	3 ☐	4 ☐	5 ☐

Organização. Capacidade de estruturar atividades e seguir padrões que suportem a execução de tarefas. Define fluxos e estruturas com lógica e visão de custo *versus* benefício no uso de recursos, dotando os projetos de condições que promovam a qualidade de sua execução.

Perfil atual					Perfil desejado				
1 ☐	2 ☐	3 ☐	4 ☐	5 ☐	1 ☐	2 ☐	3 ☐	4 ☐	5 ☐

Acompanhamento de performance. Capacidade de analisar, em função de indicadores de resultados, o desempenho de processos, pessoas e estratégias. A eficácia da gestão, qualidade do *follow-up* que implementa e do modelo de cobrança que adota.

Perfil atual					Perfil desejado				
1 ☐	2 ☐	3 ☐	4 ☐	5 ☐	1 ☐	2 ☐	3 ☐	4 ☐	5 ☐

Liderança. Capacidade de mobilizar pessoas, influenciando-as em suas ideias e estratégias. Define o nível de autoridade e poder com que maneja o papel de líder, levando as pessoas a cumprir objetivos.

Perfil atual					Perfil desejado				
1 ☐	2 ☐	3 ☐	4 ☐	5 ☐	1 ☐	2 ☐	3 ☐	4 ☐	5 ☐

Comunicação. Qualidade com que troca informações e condições para ampliar o entendimento das questões. Analisa a condição para vender suas ideias e transmitir para as pessoas, com clareza, as suas posições e informações.

Perfil atual					Perfil desejado				
1 ☐	2 ☐	3 ☐	4 ☐	5 ☐	1 ☐	2 ☐	3 ☐	4 ☐	5 ☐

Decisão. Capacidade de analisar problemas e tomar decisões, posicionando-se e assumindo as respectivas responsabilidades. A eficácia para agir e o senso de oportunidade com que assume riscos e aproveita oportunidades.

Perfil atual					Perfil desejado				
1 ☐	2 ☐	3 ☐	4 ☐	5 ☐	1 ☐	2 ☐	3 ☐	4 ☐	5 ☐

Tempo de execução. Capacidade de administrar o ritmo de resposta e adequar o mesmo às necessidades de trabalho. Capacidade de administrar cronogramas e compromissos de entrega.

Perfil atual					Perfil desejado				
1 ☐	2 ☐	3 ☐	4 ☐	5 ☐	1 ☐	2 ☐	3 ☐	4 ☐	5 ☐

Disciplina operacional. Resistência à carga de trabalho e o nível de envolvimento com as atividades operacionais. Disposição para dedicar-se pessoalmente às atividades da área.

Perfil atual					Perfil desejado				
1 ☐	2 ☐	3 ☐	4 ☐	5 ☐	1 ☐	2 ☐	3 ☐	4 ☐	5 ☐

Relação com autoridade. Capacidade de atuar de forma independente, definindo o nível de questionamento que alcança em relação ao sistema e hierarquia. Disposição para dedicar-se pessoalmente às atividades da área.

Perfil atual					Perfil desejado				
1 ☐	2 ☐	3 ☐	4 ☐	5 ☐	1 ☐	2 ☐	3 ☐	4 ☐	5 ☐

Flexibilidade. Capacidade de atuar em função dos resultados que precisa atingir, revendo sua estratégia de funcionamento para alcançar os desafios e objetivos, implementando as inovações com disposição para descartar paradigmas adotados e capacidade de rever normas e processos de trabalho conhecidos.

Perfil atual					Perfil desejado				
1 ☐	2 ☐	3 ☐	4 ☐	5 ☐	1 ☐	2 ☐	3 ☐	4 ☐	5 ☐

Priorização. Visão global e percepção do contexto, capacidade de finalização e forma com que define prioridades em seu trabalho. Capacidade de atender demandas externas, refazendo sua programação de trabalho.

Perfil atual					Perfil desejado				
1 ☐	2 ☐	3 ☐	4 ☐	5 ☐	1 ☐	2 ☐	3 ☐	4 ☐	5 ☐

Delegação. Capacidade de designar tarefas a colaboradores, aproveitando plenamente o potencial de sua equipe. Nível de detalhe a que dá atenção, indicando a confiança e capacidade de descentralizar a ação na busca de respostas por meio do grupo

Perfil atual					Perfil desejado				
1 ☐	2 ☐	3 ☐	4 ☐	5 ☐	1 ☐	2 ☐	3 ☐	4 ☐	5 ☐

COMPETÊNCIAS COM FOCO EM RELACIONAMENTOS

Administração de conflitos. Capacidade de resolver problemas e estratégia de posicionamento frente aos conflitos. Condição do indivíduo enfrentar, encarar e vencer uma situação de conflito.

Perfil atual					Perfil desejado				
1 ☐	2 ☐	3 ☐	4 ☐	5 ☐	1 ☐	2 ☐	3 ☐	4 ☐	5 ☐

Controle emocional. Capacidade de atuar com maturidade e equilíbrio frente às situações de tensão e pressão. Capacidade de avaliar o impacto que gera no ambiente e nas pessoas, administrando suas emoções.

Perfil atual					Perfil desejado				
1 ☐	2 ☐	3 ☐	4 ☐	5 ☐	1 ☐	2 ☐	3 ☐	4 ☐	5 ☐

Disposição para mudanças. Capacidade de gerar alternativas para o trabalho, alterando rotinas para adequá-las às necessidades. Capacidade de inovar e de propor mudanças em sua estratégia de atuação.

Perfil atual					Perfil desejado				
1 ☐	2 ☐	3 ☐	4 ☐	5 ☐	1 ☐	2 ☐	3 ☐	4 ☐	5 ☐

Acordos e compromissos. Capacidade de estabelecer compromissos com abertura e transparência, criando vínculos que favoreçam a atuação das equipes e o compartilhamento de estratégias e interesses. Define a qualidade dos compromissos que estabelece com as pessoas.

Perfil atual					Perfil desejado				
1 ☐	2 ☐	3 ☐	4 ☐	5 ☐	1 ☐	2 ☐	3 ☐	4 ☐	5 ☐

Realização. Disposição a desafios e capacidade de se automotivar frente a novas situações não experimentadas. Mensura o grau de motivação com que se envolve nas diversas situações de trabalho e a ambição para crescer.

Perfil atual					Perfil desejado				
1 ☐	2 ☐	3 ☐	4 ☐	5 ☐	1 ☐	2 ☐	3 ☐	4 ☐	5 ☐

Autoimagem. Capacidade de exposição e a forma com que trabalha sua visibilidade nas diversas situações que enfrenta. Mensura a autoconfiança e a percepção que tem de si e do nível de contribuição que acredita ter no ambiente.

Perfil atual					Perfil desejado				
1 ☐	2 ☐	3 ☐	4 ☐	5 ☐	1 ☐	2 ☐	3 ☐	4 ☐	5 ☐

Sociabilidade. A capacidade de adaptar-se ao contexto e de ampliar sua rede de relacionamento. Analisa o seu comportamento no ambiente e o nível crítico com que se relaciona nos ambientes.

Perfil atual					Perfil desejado				
1 ☐	2 ☐	3 ☐	4 ☐	5 ☐	1 ☐	2 ☐	3 ☐	4 ☐	5 ☐

Mobilidade física. Nível de disposição física e capacidade de atuar em atividades que exijam movimentação e deslocamentos. Mensura o tônus e resistência ao trabalho.

Perfil atual					Perfil desejado				
1 ☐	2 ☐	3 ☐	4 ☐	5 ☐	1 ☐	2 ☐	3 ☐	4 ☐	5 ☐

Lembre-se:
- Ao projetar seu desenvolvimento, utilize um verbo como referência.
- O desenvolvimento será efetivo se considerar três variáveis: pensar, sentir e fazer.
- Todo processo de desenvolvimento requer três condições: permitir-se, proteger-se e potencializar.

Plano de Vida

Um Plano de Vida é como um mapa desenhado em um papel, que mostra quais são os melhores caminhos a serem seguidos para alguém alcançar os objetivos que tem para a sua carreira e vida. Não devemos nos esquecer, no entanto, de que uma folha de papel aceita, sem críticas, tudo que escrevam sobre ela. Ou seja, podemos ter planos mirabolantes e estratosféricos, dificilmente alcançáveis, ou metas humildes e rasteiras, fixadas muito aquém das nossas possibilidades e necessidades.

Antes de desenharmos um Plano de Vida, portanto, devemos ter claro quais são os nossos objetivos e metas. Isso nos obriga, também, a conhecer as nossas motivações e os nossos valores, os dois motores que de fato irão dar movimento e direção à nossa existência. Se nossas metas não forem congruentes com nossos valores mais profundos, dificilmente estaremos felizes com os rumos que a nossa vida irá tomar. Mesmo se viermos a ter conquistas materiais, quando atingirmos nossas metas, se elas não estiverem em harmonia com o que carregamos em nosso íntimo, sentiremos uma sensação de vazio que nos deixará confusos e sem direção.

Para o mentorado, conhecer-se e refletir sobre o significado que a vida tem para si é de fundamental importância para o planejamento de seu Plano de Vida.

O compromisso maior da relação mentor-mentorado é propiciar uma evolução na vida e na carreira de ambos, com ênfase na do mentorado, a partir da identificação dos legítimos anseios de superação, conquista e plenitude dos dois, como pessoas e profissionais.

Em geral, ouvimos de pessoas que se consideram exitosas ou não que suas carreiras foram acontecendo, e que as oportunidades, os ganhos ou as perdas surgiram das circunstâncias e nelas se encaixaram.

As que tiveram a sorte de enfrentar um forte revés ou estresse, parando para pensar e planejar o que fazer no futuro, se deram conta de que, se tivessem mais clara a importância de manter atualizados seus sonhos, desejos ou projetos, teriam tratado as situações de carreira de maneira mais efetiva.

Vida e carreira são aspectos indissolúveis, intimamente conectados. Não temos vida, casa ou família, com tudo o que lhe é inerente, sem que o nosso papel profissional venha junto. Ao promover a fusão desses dois aspectos, conquistamos a capacidade de responder com mais qualidade às relações com os outros papéis.

Falamos hoje na importância do nosso protagonismo, e isso não se refere à nossa condição de atores reconhecidos pela qualidade de interpretação, mas sim à de elementos centrais de uma trama, na qual somos capazes de criar sentido, significado e benefício em uma história que envolve um grupo, uma família, um empreendimento ou uma sociedade com a qual estamos em conexão. Daí a importância de desenvolver nossa capacidade de decisão, uma competência essencial ao indivíduo que se propõe ser protagonista de sua história.

Saber decidir requer que se disponha de, no mínimo, três elementos:

1. Consciência da realidade que nos cerca, juntamente com o nosso compromisso com a solução de questões de sobrevivência, desenvolvimento ou evolução.
2. Consciência do nosso papel nessa realidade, com a responsabilidade inerente e intransferível, sob pena de nos tornarmos reféns ou vítimas das circunstâncias, caso não exerçamos esse papel.
3. Consciência do desafio de optar, de fazer escolhas e de correr riscos.

Intuição, medo, agressividade, sedução, culpa e outras emoções entram em jogo para impulsionar ou paralisar nossa decisão, pois, mesmo com a sabedoria da experiência, temos de assumir o novo para aprender e nos transformar, e isso requer optar pelas mudanças ou nos repetir.

Neste ponto, é importante falar sobre a carreira, já que a cada dia se torna mais e mais importante saber quem somos a partir do que sabemos fazer e do que queremos realizar. Em todas as fases da história, homens mais velhos ensinam os mais jovens como fazer, por que fazer e para que fazer, pois têm em mente a sobrevivência, a perenidade da vida e o bem-estar dos indivíduos.

Hoje, ao acompanhar grupos de jovens *trainees* entre 22 e 25 anos e ler seus CVs com formação fora do país, estágios e experiências de vida, autonomia e domínio de idiomas, surgem duas questões: Com que velocidade esses jovens estão se preparando? O tempo rende mais para eles do que para quem tem 40 ou 50 anos?

- **Sorte genética.** Nascer com habilidades e atributos natos, que facilitam a aquisição de experiências e de conhecimentos pelas qualidades físicas, uso de energia e capacidade de expressão, daí a necessidade de atividade física, cuidados com a saúde e qualidade de vida.
- **Sorte de desenvolvimento.** Provém das experiências que geram questões e/ou demandam respostas novas e formulação de estratégias e soluções, que vão para o nosso arquivo vivo de competências e habilidades duráveis e transportáveis.
- **Sorte de carreira.** Pressupõe um estado de prontidão permanente, para identificar e aproveitar as oportunidades de crescimento na carreira e a capacidade de assumir os riscos provenientes de mudanças.
- **Sorte de pessoas.** Requer capacidade de adaptação, de aceitação e de integração com pessoas de valor, nas quais reconheçamos modelos ou inspiração para o nosso próprio modelo de vida pessoal e profissional.

PLANO DE VIDA E CARREIRA

Aurora foi, durante 20 anos, professora de Ciências. Há sete anos decidiu seguir outra carreira: fez vestibular, graduou-se e exerce uma segunda carreira como dentista. Hoje, com 50 anos, sente-se iniciante. Em que momento e por que ela decidiu mudar? Estava infeliz? Não tinha o retorno financeiro desejado? Sua carreira foi um acaso ou uma obrigação? O que buscava ao mudar?

Estas e outras perguntas podem ser feitas, porém elas não são as mais importantes, pois, quando inquirida, ela simplesmente respondeu: "Tenho dentro de mim muitas capacidades e desejos de fazer a diferença e servir de maneira mais ampla ao meu mundo particular e ao mundo afora. Só me dei conta disso quando me dediquei a me conhecer em profundidade. Fui descobrindo que talentos e capacidades que estavam em mim, não usados ou usados de outra maneira, em outro contexto e para outros fins, darão resultados mais úteis e satisfatórios não só para mim".

Se você perguntar às pessoas qual é seu desejo maior, em geral respondem: ser feliz. Porém, se você continuar e perguntar qual, neste momento da vida, é a evidência da felicidade que elas têm e qual é a evidência que buscam, elas terão dificuldade em responder. Um encontro com um filho, um momento de intimidade consigo mesmo, um aprendizado difícil, a aceitação de diferenças podem parecer coisas idealizadas ou de pouco valor para a tal felicidade. Em geral, queremos traduzi-la em coisas materiais: dinheiro, bens, posição, *status* que, na verdade, não são mais do que resultados. Para que se transformem em bases de felicidade ou em realizações sustentadas terão de se apoiar em propósitos de vida e intenções conscientes; de outra forma, vamos assistir cenas de riqueza sem conteúdo.

Não se preocupe com os resultados, seja persistente com seus propósitos, os resultados são consequência.

Ao facilitar que o seu mentorado faça o plano de vida e carreira, o mentor estará ativando várias dimensões desse indivíduo, como a sua história pessoal e a forma como ele a vê, a sente e a avalia hoje. Essa ativação poderá fazer com que o mentorado identifique mais facilmente o que o satisfaz, o que lhe falta e o que desejaria obter hoje para construir o estado de desejo traduzido pela frase: "No futuro próximo, eu gostaria de...".

Desse exercício, podemos extrair alguns indicadores de satisfação; coisas ou condições que não chegam a ser motivadores de vida, mas são bons desafios para melhorá-la!

Indicadores de satisfação na vida:
- Ter mais conforto.
- Aprender mais.
- Ter mais desfrute familiar.
- Dominar melhor meu tempo e compromissos.
- Entregar melhores resultados, etc.

Indicadores de satisfação na carreira:

Podemos identificar nossos indicadores de satisfação para qualquer papel de vida que se torne um objetivo ou uma meta na medida em que me pergunto "do que preciso" e "como vou alcançá-lo".

Quando somos jovens e estamos em início de carreira, precisamos capitalizar ganhos e acrescentar experiências à nossa formação. Ao amadurecermos, nossas necessidades tornam-se outras, como manter o que já foi conquistado e preservar nossas referências. As necessidades, portanto, variam de acordo com o momento, como também os eventuais conflitos entre o que sentimos que necessitamos e o que de fato conquistamos. Portanto, a satisfação com o momento da carreira também flutua ao sabor das vicissitudes. À medida que tentarmos nos preparar para as mudanças que virão, pelo menos aquelas mais previsíveis, nosso índice de satisfação poderá manter-se em um nível satisfatório. Assim, formular um plano de vida e carreira requer a idealização de um estado futuro

- **Idealizar um estado futuro.** Podemos brincar de sonhar e visitar esse sonho que nos inspira, que nos faz sentir plenos, capazes, realizados e felizes, e tomar contato real com o estado físico, mental e emocional que nos provoca essa imagem superior de nós mesmos. Assim, saberemos:

  - Identificar nossos indicadores de satisfação, analisando os nossos contextos, bem como as atribuições e os padrões que utilizamos para obter o que queremos.
  - Fazer a análise de viabilidade, sabendo o que já possuímos e do que necessitamos aprender para chegar lá, tais como competências, habilidades, bem como sentimentos e pensamentos que nos deem suporte, além de identificarmos recursos e parceiros que nos ajudem e contribuam para chegarmos lá.
  - Estabelecer um plano, um cronograma de ação, que, colocado na linha do tempo, nos permitirá controlar a nossa ansiedade e, ao mesmo tempo, identificar os obstáculos a serem superados, as alternativas de atuação e, principalmente, os nossos próprios mecanismos de sabotagem.
  - Estabelecer uma disciplina de execução do plano, que nos ajude a persistir nos objetivos e garanta a finalização dos resultados.
  - Manter a disposição de rever, descobrir oportunidades e reinventar o próprio modelo.

Lembro—me dos conselhos da minha sábia mãe, que repasso para quem acreditar neles. Experimente.

"Se quiser ser bem-sucedida na vida:
- Não tenha certeza absoluta de nada, pois tudo muda a cada instante; esteja pronta para aprender.
- Custe caro – valorize uma boa discussão, uma decisão, assim como valorize a si mesmo e o outro.
- Desfrute e goze a vida."

UM MERGULHO EM SI MESMO

Não há ninguém entre nós que não tenha seus valores e sua ética bem definidos. No entanto, não costumamos pensar sobre isso de uma maneira organizada e constante; portanto, se alguém nos perguntar quais são os valores que norteiam a nossa vida, o mais provável é que não saibamos responder de imediato.

Refletir sobre os nossos valores é um exercício de autoconhecimento. No caso do processo de mentoring, essa fotografia dos princípios que norteiam a vida do mentorado é um importantíssimo dado que servirá para dar sustentação às estratégias de desenvolvimento e amadurecimento que serão traçadas.

A seguir, alguns exemplos de atividades que podem ser propostas para auxiliar o mentorado na exploração de sua estrutura interna.

AUTOPERCEPÇÃO
Quem sou eu?
Relacione dez adjetivos que, na sua opinião, o descrevam de maneira fidedigna. Por exemplo: inteligente, tímido, confiável etc..

1. _____
2. _____
3. _____
4. _____
5. _____
6. _____
7. _____
8. _____
9. _____
10. _____

Como eu gostaria de ser?
Relacione dez adjetivos que gostaria de poder usar para descrever a si próprio.

1. _____
2. _____
3. _____
4. _____
5. _____
6. _____
7. _____
8. _____
9. _____
10. _____

Coisas que eu gostaria de aprimorar.
Relacione dez atividades, de caráter pessoal ou profissional, nas quais gostaria de tornar-se mais proficiente.

1. _____
2. _____
3. _____
4. _____
5. _____
6. _____
7. _____
8. _____
9. _____
10. _____

CRENÇAS

Nosso sistema de crenças é constituído, como o nome sugere, por aquilo que acreditamos e que tem influência direta sobre a nossa vida. Essas crenças podem nos tolher ou nos impulsionar a tomar decisões. Temos, portanto, crenças propulsoras e crenças restritivas.

- **Crenças propulsoras.** Constituem, basicamente, os modelos mentais que nos ajudam a experimentar o prazer pela vida, a atingir a realização da nossa missão e a desfrutar a abundância do Universo.
- **Crenças restritivas.** Constituem modelos mentais que limitam nossas potencialidades e nos impedem de experimentar a criação de nós mesmos em todo o seu esplendor.

VALORES

Os valores formam um conjunto de princípios que, em tese, deveria traduzir um ideal de perfeição ou de plenitude moral a ser buscado pelas pessoas. Embora estejamos todos, quase sempre, de acordo quanto a alguns valores básicos, como não matar, não roubar e tratar o próximo com respeito e consideração, o grau de importância e de intensidade que valores menos dramáticos que esses têm para nós varia de pessoa para pessoa e também ao longo do tempo e das circunstâncias.

Um exercício útil para a reflexão sobre nossos próprios valores consiste em relacionar o maior número possível de virtudes, atitudes e comportamentos que acreditamos ter ou que desejaríamos ter para nos relacionarmos com as coisas, as pessoas e as instituições, e anotar, ao lado, o grau de importância que lhes atribuímos.

O mentor pode sugerir que, a partir da lista a seguir, o mentorado aponte os cinco valores que considera mais relevantes e os coloque em ordem crescente, de acordo com sua importância.

Valores	Ordem (crescente)
Amizade	
Amor	
Atividade física	
Conhecimento	
Crescimento	
Criatividade	
Dinheiro	
Disponibilidade	
Independência	

Valores	Ordem (crescente)
Mudança e variedade	
Paz de espírito	
Poder	
Prazer	
Prestígio	
Saúde	
Sucesso	
Voluntariado	

Estilos de aprendizagem

Todos vivemos em um constante processo de aprendizado e transformação, que é determinado pela infinita sequência de situações e de estímulos que recebemos a cada segundo. Embora sejamos profundamente influenciados pelos padrões existentes no contexto em que estamos inseridos, cada um de nós tem sua própria história e visão de mundo e, por isso, responde de maneira única às influências do ambiente, desenvolvendo valores e formas de pensar, de sentir e de agir que são pessoais e singulares.

No bombardeio incessante de informações e situações que atingem nossos canais perceptivos, não há nada que seja "certo" ou "errado" por si só. Cada um vive na sua própria realidade, construída pelas suas impressões e experiências de vida, e atua no mundo a partir do modo como o percebe. Isso faz com que o "bom" e o "ruim", o "desejável" e o "indesejável", dependam única e exclusivamente da visão de cada um. Com os nossos sentidos, exploramos e delimitamos o mundo exterior e somos capazes de perceber apenas uma pequena fração das suas manifestações, que, instantânea e inconscientemente, filtramos, classificamos e selecionamos com a nossa visão de mundo.

Perceber como se articula essa maneira particular de apreender o que nos rodeia é de grande importância em um processo de mentoring, pois permite que mentor e mentorado compreendam qual é o seu estilo de aprendizagem e, a partir disso, firmem uma conexão profunda e franca entre si.

De uma maneira esquemática, podemos dizer que passamos por quatro diferentes fases no processo de aprendizagem, como mostra a figura a seguir:

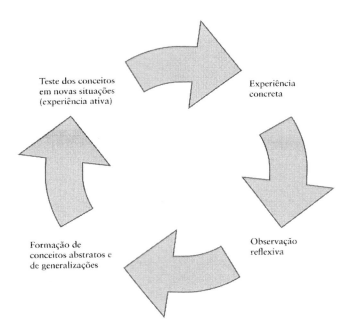

Para melhor compreensão dessas fases, imaginemos, por exemplo, que alguém queira aprender a nadar em uma piscina. Se essa pessoa se valesse exclusivamente da fase da experiência concreta, iria se atirar corajosamente na água, convencida de que, de alguma forma, conseguiria sair nadando. Utilizando a observação reflexiva, ela ficaria na beira da piscina, verificando os movimentos feitos pelos nadadores, e, quando considerasse que já havia compreendido como proceder, pularia na água. Valendo-se da formação de conceitos abstratos, nosso candidato à medalha de ouro nos cem metros livres nas Olimpíadas leria um manual de natação, estudaria como funcionam os músculos peitorais e as leis da física envolvidas nos movimentos e, ao considerar que já tem domínio sobre tais informações, mergulharia de cabeça na parte mais funda da piscina. A quarta fase de aprendizagem – testar as implicações dos conceitos em novas situações – se materializaria quando o nosso herói, já à vontade na piscina, se arriscaria a dar suas braçadas na correnteza rápida de um rio ou nas ondas do mar.

Um processo eficiente de aprendizagem envolve essas quatro instâncias de uma maneira interconectada e cíclica: enquanto temos uma experiência concreta, refletimos sobre seus aspectos sob vários pontos de vista, criamos conceitos a partir dessa reflexão, testamos as implicações desses conceitos em novas situações e os aplicamos em uma experiência concreta, fechando o ciclo, que se repetirá ao longo de nossa vida.

Nenhuma das quatro fases é mais importante que a outra. Na prática, poucos entre nós conseguem viver de maneira plena cada uma delas. Em geral, temos preferência por uma ou outra etapa do aprendizado. Podemos ser mais impulsivos ou mais reflexivos e até ter dificuldade em enfrentar uma situação de novidade. Alguns adaptam facilmente os conhecimentos que adquirem em situações que nunca enfrentaram, enquanto outros são mais práticos e avessos a pensamentos abstratos. Ou seja, como foi dito, temos, cada um, um arranjo particular de aprendizagem, ao qual chamamos de nosso estilo de vida, nossa forma de ser.

Compreender como se dá a aprendizagem em nós mesmos é de grande importância. No que diz respeito ao mentor, é fundamental que ele entenda qual é a sua dinâmica de percepção e processamento do conhecimento, sabendo em qual dessas etapas ele aposta suas fichas. Dessa maneira, ele conseguirá, no processo de mentoring, escapar de uma terrível armadilha que está presente sempre que duas pessoas se relacionam: querer que o outro reaja, entenda, concorde e aja da mesma maneira que ele próprio faria. Entendendo que o estilo de aprendizagem é individual, o mentor conseguirá distinguir sua forma de reagir daquela do mentorado e estará muito mais apto a aceitar o outro, sabendo de que maneira poderá interferir positivamente na trajetória de seu parceiro.

História real
UM HONESTO QUE DEFENDE O CONTRABANDO

A fantasia que se costuma ter a respeito de um escritório de advocacia bem-sucedido é a de um grupo de profissionais veteranos, quase todos já passados dos 60 anos, com um ar altivo, cabelos brancos e levemente desgrenhados. Eles têm, ainda, uma energia que permanece oculta até o momento em que, em uma expansão tonitruante de retórica, esmagam, com argumentos irrefutáveis e definitivos, as mentiras do réu e os argumentos da banca adversária.

Mas, quando se conhece os escritórios e os departamentos jurídicos das empresas, vê-se que essa projeção mental não passa de mera fantasia romântica. A lida jurídica, sobretudo na área empresarial, se movimenta com base em pareceres técnicos e contidas reuniões de conciliação. Não há espaço ali para teatralidade viradas de mesa ou personagens pensativos, fumando cachimbos em vetustas poltronas.

Mas aquele grande escritório de advocacia no qual André trabalhava, de fato, lembrava, em alguns momentos, esse cenário hollywoodiano. Pelo menos, era o que ele não cansava de repetir, desalentado, para Thaís, sua mentora. Mais velha que André, ela trabalhava em outro setor da mesma empresa. "Um deles fuma mesmo cachimbo ali no escritório", dizia entre divertido e perplexo. Pai de duas crianças pequenas, 36 anos de idade, com formação em administração de empresas, especialização em Harvard, André era um dos diretores da empresa.

Competente, interessado, honesto, com um grande senso de ética e dedicado ao trabalho, André tinha, no entanto, um importante diferencial sobre a maioria dos demais colaboradores: era o filho único de um dos fundadores do escritório, já falecido, e, portanto, um dos sócios do negócio. Por força do seu cargo e da participação que herdara, tinha assento garantido no *board* da empresa. Mas participar das reuniões quinzenais era uma tortura que lhe despertava pesadelos.

Ele era o mais jovem no conjunto de velhos sócios, que, gostando ou não, tinham que o engolir. André não se sentia bem-vindo nas reuniões. Muito menos recebido como o representante de uma geração mais nova, que poderia trazer rumos novos, desafiantes e lucrativos para o negócio. Muito ao contrário, os velhos sócios acabavam com ele. Não permitiam que abrisse a boca. André tentava se impor, mas alguns dos sócios o conheciam desde criança, e isso fazia com que desqualificassem qualquer contribuição que pudesse vir dele.

Um deles, velho amigo da família, gostava de repetir um "já carreguei esse menino no colo" que soava mais como escárnio do que como mostra de proximidade. Em resumo, sentia-se absolutamente ignorado naquela sala que ele, para os amigos, chamava de "ninho de cobras". Às vezes, chegava a perder a cabeça, gritar e dizer desaforos. Mas o que o angustiava era não ser ouvido, mesmo quando tinha certeza de que era capaz de solucionar desafios e problemas que o escritório enfrentava.

"Certamente, você tem grandes desafios ali", dizia sua mentora. "Mas talvez você não saiba construir argumentos, principalmente para aquele público. Como o ambiente ali é hostil, talvez você tenha incorporado o 'gato escaldado' e esteja apresentando suas ideias de maneira frouxa, tímida, sem convicção, sem uma real intenção, já com medo da água fria que eles vão jogar sobre você." André achou graça na comparação com o gato escaldado, mas concordou que vinha se sentindo como vítima e, com o rancor crescendo na sua mente, estava "se lixando" para o destino da empresa.

Thaís, que já passara por mais de uma experiência de mentoring, propôs um exercício de choque, que poderia trazer à luz várias questões para a reflexão de André. "Amanhã haverá uma reunião aqui no auditório, ao lado, e podemos aproveitar a oportunidade para fazer uma atividade", sugeriu a mentora. "Prepare para essa plateia duas apresentações, de 15 minutos cada, para defender dois temas antagônicos. Na primeira, você vai dizer que é contra a prática do contrabando e, em seguida, terá o mesmo tempo para fazer uma exposição em que dirá que é a favor do contrabando e dos contrabandistas. Vamos ver, na reação da plateia, qual será a ideia que as pessoas vão comprar; assim, vamos saber em qual dos dois momentos você foi mais convincente."

Os participantes da reunião acharam divertida a ideia, e concordaram em ficar por mais meia hora, após o término dos trabalhos. De início, tímido e gaguejando, André logo ficou à vontade e fez as duas apresentações. Ao final, fizeram uma enquete com a plateia, e a decisão foi unânime. O discurso a favor do contrabando fora muito mais convincente e sedutor. "Todos nós vamos sair contrabandistas daqui", brincou um dos ouvintes.

André não achou graça. Ao contrário, sentiu-se muito mal por sua defesa do contrabando, algo que abominava, ter sido melhor do que o discurso contra. "Poxa, isso me desanimou, não sou capaz nem de expor minhas crenças com clareza", queixou-se. "Nada de conclusões apressadas; vamos para trás e ver qual foi o seu ponto de partida", disse Thaís. "O que importa é saber qual era a sua intenção quando você começou a se preparar em casa, quando fez suas anotações e, lá no palco, decidiu a forma como apresentar a ideia, incluindo os gestos e o tom de voz a ser usado para convencer as pessoas do que tinha a dizer."

O mentorado explicou que, na primeira apresentação, quando criticou o contrabando, partira do pressuposto de que todos que o escutavam eram naturalmente contra essa prática. Por isso, só precisava fazer uma sustentação dos malefícios do contrabando. Então, pesquisou, trouxe dados e estatísticas para mostrar como isso era um mal terrível para a sociedade.

Quando o discurso deveria ser favorável ao contrabando, André partiu do pressuposto de que todos ali eram contra essa prática ilegal, que queriam que os contrabandistas fossem presos, que ansiavam por leis mais rigorosas nas fronteiras, etc. Ele precisava, portanto, ser muito, mas muito, convincente para fazer com que seus ouvintes concordassem que era bom algo que, a princípio, todos acham essencialmente mau. Era necessário encarnar aquela convicção, sentir com todo o coração que o contrabando era muito bom e deveria ser incentivado. Esmerou-se no discurso, fez gestos grandiloquentes e pausas dramáticas. E expressou-se tão bem que, para seu espanto, conseguiu aplausos e apoio à sua tese.

"Não importa que você tenha se sentido mal, o importante era a experiência de construir a intenção, o tema é uma questão absolutamente secundária", disse Thaís. "Ao desenvolvermos uma intenção real, profunda, somos capazes de agir de maneira muito mais habilidosa e convincente, porque, de fato, passamos a acreditar no que fazemos; nesse instante, o convencimento do outro vem da emoção, do olhar, do gestual."

Uma variável poderosa no processo de traduzir nossas intenções para o discurso e convencimento do outro é a linguagem corporal que empregamos. Nisso se incluem ênfases, silêncios, posturas. Há, inclusive, pesquisas que definem o peso que têm, para o ouvinte, os diferentes componentes da comunicação. "A análise dos percentuais de atenção de uma plateia em alguém que faz uma palestra mostra que 7% da atenção está voltada para o assunto que é exposto; 38% está na voz de quem faz a apresentação e 55% se fixa na expressão corporal do expositor", enumerou Thaís.

Mas, disse ela, havia aí um perigo a ser levado em conta: "Ao entendermos a força que a nossa intenção tem, é necessário redobrar a vigilância com o que dizemos, com o cuidado ético que se deve ter com a nossa própria intenção. Muitos líderes políticos que levaram povos a guerras e crimes hediondos tinham do seu lado não só exércitos, mas a força de uma intenção aética e despreocupada com o bem estar dos demais".

Esse exercício proposto pela mentora iniciou um profundo processo de transformação em André. Suas intervenções passaram a ser mais precisas e, aos poucos, suas opiniões passaram a ser consideradas nos encontros do *board* de sócios. André só não conseguiu evitar que o velho amigo de seu pai continuasse a dizer em alto e bom som nas reuniões que já o carregara no colo. Mas, agora, André percebera uma mudança: parecia que o veterano sócio dizia isso com uma ponta de orgulho por testemunhar, finalmente, o amadurecimento de um profissional que começava a se destacar pela sua performance.

História real
UMA APRESENTAÇÃO LONGA DEMAIS

Se os colegas de Robert, o diretor de Recursos Humanos daquela multinacional da área de telefonia, soubessem que ele havia passado duas madrugadas em casa preparando sua apresentação e mais outra noite reconferindo todas as informações e cronometrando o tempo que gastaria para expô-las, certamente teriam feito uma disputa interna para encontrar um complemento para o já desabonador apelido de Bobcecado que Robert havia recebido pelo seu amor exagerado aos detalhes.

A apresentação que ele preparava, é certo, merecia ser montada com carinho e rigor. Afinal, o vice-presidente da matriz europeia estaria presente na reunião, juntamente com vários outros diretores estratégicos da empresa. O assunto: como a filial brasileira conduziria a redistribuição de cargos e se reestruturaria internamente após a fusão com outro grande *player* do setor. Todos estavam de acordo que essa era uma questão de grande relevância estratégica.

Finalmente, chegou a hora. Robert iniciou a sua apresentação. Os *slides* sucediam-se no telão da sala de reuniões. Havia gráficos, tabelas e textos, muitos textos. Em um excelente inglês, lia em voz alta o que estava projetado na tela, como se estivesse diante de um grupo de iletrados. Falava rápido, no ritmo que treinara em casa. Robert havia colocado um pequeno cronômetro digital, especialmente comprado para a ocasião, que marcava os minutos em marcha a ré: 60:00, 59:59, 59:58, 59:57... De vez em quando, checava o aparelho para verificar se estava seguindo o *script* no tempo que ele próprio havia cronometrado.

Na sala, o silêncio era total. Nenhuma pergunta, nenhuma interrupção. Robert continuava a falar. Só tirava os olhos da tela para checar o cronômetro, agora contando 34:27, 34:26, 34:25... Os demais viam e ouviam, mas estavam mudos. Finalmente, com o último *slide*, terminou a apresentação. Apertou um pequeno botão, congelando o cronômetro: 05:42. Terminara a apresentação antes do tempo planejado. Será que falara rápido demais? Alguém teria alguma dúvida? Estava abrindo a boca exatamente para indagar isso à plateia, quando o vice-presidente europeu ergueu-se e, sem olhar para Robert, perguntou aos presentes: "Por gentileza, eu queria que levantassem a mão aqueles que se incomodaram com a qualidade da apresentação que acabamos de ouvir. Não estou fazendo nenhum julgamento de conteúdo, eu só quero perguntar: quantos de vocês se incomodaram com a qualidade da apresentação?".

Todos os presentes, incluindo o vice-presidente, levantaram as mãos.

Todos, não. Duas pessoas ficaram com as mãos abaixadas: Robert, é claro, e seu mentor, David, que também permaneceu imóvel. Os dois trabalhavam na mesma empresa, embora em setores diferentes. David estava ali, convidado por Robert. Ele também achou a apresentação enfadonha, fechada em si mesma. Havia vários assuntos que poderiam ter sido abertos para um debate, mas considerou que a maneira como o vice-presidente manifestara sua insatisfação com a qualidade da exposição era excessivamente vexatória.

No entanto, era forçoso admitir, o grande constrangimento pelo qual Robert havia acabado de passar era uma oportunidade de reflexão que não deveria ser desperdiçada. Nos dois dias seguintes à apresentação, Robert não foi ao trabalho, fato raro para quem era "bobcecado" também com horários e compromissos. Robert passou aqueles dois dias com uma feroz enxaqueca, somatizando a experiência desagradável que vivera.

Depois de uma semana, o fato foi discutido entre Robert e David, na reunião de mentoring. O mentorado lamentava-se de a apresentação ter sido tão mal recebida, pois tinha certeza de que o conteúdo estava correto e tinha dados bem apurados e confiáveis. O próprio vice-presidente, contava ele, havia lhe enviado uma mensagem, com cópia para o seu superior imediato, parabenizando-o pelo conteúdo. A palestra fora enviada em uma pasta para o vice, na Europa, já que a exposição havia sido suspensa, e a reunião passado para o ponto seguinte da pauta.

"Talvez ele tenha se arrependido da maneira deselegante como comentou a minha apresentação", resmungou Robert, com um ar infeliz. "O trabalho que você desenvolveu foi de ótima qualidade; certamente, o vice-presidente também achou isso", disse David. "Eu acredito que, se você deixasse suas anotações de lado e fizesse uma exposição oral do que tinha a dizer, a apresentação seria um sucesso. Mas, talvez, o mais importante seja discutirmos o propósito que você tinha com a sua apresentação."

Robert colocou um pé atrás: "Meu propósito? Ora, era mostrar os números que coletei para embasar as decisões que terão de ser tomadas; queria expor o levantamento das tendências de mercado, que me tomaram um mês de trabalho, fins de semana incluídos, e falar dos cenários futuros que desenhei". David disse: "Mas talvez seja exatamente essa a questão: será que, na sua apresentação, você tinha de fato como propósito apresentar informações para seus pares e seus superiores com a firme intenção de abrir uma reflexão, um espaço para que experiências fossem trocadas? Você estava ali presente para agregar e dialogar ou, ao contrário, para comandar um espetáculo inerte, no qual o papel da plateia era simplesmente assisti-lo?".

David apresentou algumas soluções práticas para Robert aprimorar sua comunicação em apresentações. "Ouça algumas apresentações de personalidades públicas, como do presidente Barack Obama ou de Steve Jobs. Repare na estrutura do discurso deles. Você verá que eles pontuam sempre três questões e fazem pausas para dar tempo à audiência de pensar sobre o que disseram."

Em uma apresentação, tão importante quanto essas dicas técnicas é a tentativa de criar empatia com a plateia; para isso, é preciso olhar para quem o está ouvindo, mostrar o olhar.

Robert achou curioso um comentário de seu mentor sobre a diferença entre dominar um assunto e ter familiaridade com ele. "Você pode dominar o assunto, ter a sua palestra estruturada e saber de cor todos os números, mas se você errar uma vírgula ou se o vento jogar o papel da sua mesa no chão, você não saberá mais o que dizer", exemplificou David. "Mas, se o tema lhe for familiar, você será capaz de abordá-lo de uma maneira muito mais leve e flexível, adaptando o discurso à reação da plateia, sem se deixar perturbar por perguntas ou interrupções, e passará muito mais credibilidade a quem o escuta. Assim, poderá dar uma palestra até na praia, de bermuda, sem gráficos e cronômetro." Robert divertiu-se com o comentário: "E, certamente, não serei tão chato como fui, não é mesmo?".

Capítulo 7

CONVERSA DE MENTORING

Um diálogo, para ser proveitoso, exige mais do que uma pessoa falando e outra escutando. No processo de comunicação do mentoring, isso é ainda mais verdadeiro. Há posturas fundamentais para que a troca de informações gere bons frutos: motivação verdadeira, presença real, construção de alternativas...

Nós, os 7 bilhões de habitantes da Terra, tentamos nos comunicar, hoje, em nada mais nada menos do que em 6.907 diferentes línguas. Como o mundo continua repleto de mal-entendidos, e mesmo com todas as opções de comunicação de que dispomos, não andamos nos entendendo muito bem. Mesmo assim, para o bem ou para o mal, nos comunicamos todo o tempo, e qualquer processo de comunicação, independentemente de todas as nossas diferenças, só terá sucesso se obedecer a algumas características essenciais. A qualidade da intenção que move uma pessoa a fazer contato com outra é uma dessas variáveis. A presença efetiva dos interlocutores na conversa, ou seja, a demonstração do desejo sincero de ouvir o outro, além de aprender e de interagir com ele, é outro fator capaz de promover uma profícua troca de informações ou, ao contrário, criar mal-entendidos. A disposição de falar, com o objetivo de agregar conhecimento, e a iniciativa de perguntar também são posturas essenciais ao processo de comunicação.

Quando pensamos em uma dinâmica de mentoring, que é essencialmente um processo de comunicação, algumas outras qualidades além das já citadas surgem como essenciais para o seu sucesso, e todas estão ligadas à capacidade de o mentor e o mentorado estabelecerem entre si uma conexão desimpedida e eficaz, que lhes possibilite entender necessidades e construir alternativas para alcançá-las.

No mentoring, a comunicação vai além do diálogo entre duas pessoas, sendo necessário, também, uma conversação interna, que levará a percepções e a escolhas por parte do mentorado. A motivação é um exemplo dessa necessidade de olhar para dentro, e o mentorado deve ter claro quais são as forças que o movimentam e que despertam em si o desejo de buscar algo que está além do que já conquistou, cabendo ao mentor ajudá-lo nessa reflexão. Outras instâncias de comunicação também são fundamentais, tais como: análise da realidade, construção de alternativas, convite à ação e, para consolidar o resultado e proporcionar a todas essas etapas a chance de criarem raízes, avaliação dos avanços que estiverem sendo feitos.

Motivação

Motivação é a nossa força propulsora, o motor de todos os nossos atos e a energia criativa do nosso desejo. Nossas ações bem-sucedidas sempre são antecedidas por uma forte e determinada motivação. Todos já passamos por momentos de desmotivação em um relacionamento, no trabalho ou até mesmo para uma viagem de férias. Nesses momentos, até as tarefas mais simples do dia a dia se tornam enfadonhas e penosas, e cumpri-las parece exigir tanto esforço quanto o necessário para escalar uma montanha.

Ao contrário, quando estamos motivados, sentimos que somos tomados por uma grande energia, e mesmo obstáculos desafiadores não nos desanimam. Assim, mesmo que o objetivo não seja alcançado, se conseguirmos manter o nível da motivação elevado, teremos energia para percorrer novamente todo o caminho, tentando atingir a meta. A qualidade da motivação é que dita a intensidade, a direção e a persistência do esforço que vamos despender.

Apesar de todas as suas boas qualidades, a motivação não pode ser inventada nem transferida para ninguém. Ninguém é capaz de obrigar ou de convencer outra pessoa a se sentir motivado. O papel do mentor, portanto, é o de auxiliar o mentorado a confirmar o significado que essa meta tem para si e ajudá-lo a fazer esse processo de busca da maneira mais efetiva possível.

O mentoring tem por objetivo transformar pessoas; portanto, busca-se fazer com que o desenvolvimento, a superação de impedimentos, a assunção de novos papéis e de responsabilidades e a aquisição de informações permitam que o mentorado assuma posturas até então não experimentadas e inaugure comportamentos mais maduros e de liderança.

O desenvolvimento da motivação — desde o seu surgimento, passando pela sua sustentação até o seu desenlace, com a conquista ou não do objetivo —, pode ser descrito de uma forma esquematizada, para facilitar a compreensão, como no gráfico a seguir.

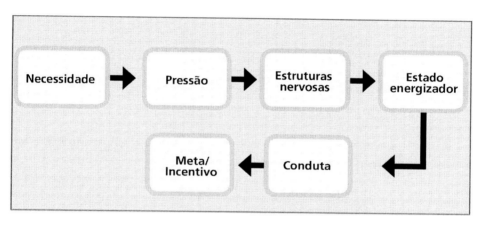

Imaginemos, por exemplo, que, em um processo de mentoring, o mentorado tenha a meta de tornar-se uma pessoa mais assertiva em seus relacionamentos e nos ambientes em que transita, ou seja, alguém mais firme, decidido e determinado em suas ações e afirmações. Sua motivação para isso, provavelmente, surgirá da *necessidade* de passar a agir dessa maneira mais positiva ou da constatação de que a falta de firmeza o faz perder oportunidades ou credibilidade diante das pessoas e no ambiente de trabalho.

Com essa consciência, o mentorado toma a resolução: "Vou me esforçar para ser alguém mais assertivo, porque preciso disso para me relacionar melhor com as pessoas e mostrar que sou capaz de assumir funções de maior responsabilidade na minha carreira". É provável que essa necessidade também tenha sido notada por outras pessoas, que podem ter-lhe dado esse *feedback*, ou que seja resultado de uma oportunidade de crescimento na carreira dele, que exija a rápida incorporação desse tipo de competência. Essa *pressão*, que pode ser temporal, emocional ou de qualquer outra natureza, quase sempre traz algum desconforto, mas pode ter um efeito estimulante; então, o mentorado diz: "Preciso mudar a minha maneira de agir, e rápido! Não posso perder as oportunidades que estão surgindo nem deixar que as pessoas pensem que eu não tenho firmeza em minhas ações".

Essa transformação, que se dá nos níveis mental e intelectual, também envolve questões emocionais, de modo que, inevitavelmente, as *estruturas nervosas* do nosso personagem se manifestam: "Vou conseguir sustentar minhas opiniões nas reuniões? Meu chefe e colegas vão me levar a sério? Sei que posso ser determinado, mas... e se eu parecer autoritário ou arrogante?".

Em todos esses momentos, a motivação é colocada à prova. Se houver firmeza e determinação, o mentorado do nosso exemplo irá sustentá-la, atingindo um *estado energizador*, que ocorre quando ele espanta suas dúvidas e temores e diz: "A partir de hoje, passarei a me comportar de outra maneira; vou me colocar de um modo mais assertivo, sem excessos de preocupação com a reação das pessoas. Estou motivado para isso e tenho certeza de que essa nova postura trará benefícios para mim, para os outros e para a organização".

A partir desse instante, nosso personagem mudará efetivamente a sua *conduta*, passando a buscar alternativas para superar os obstáculos que se interpuserem entre ele e a conquista do seu objetivo, a controlar suas estruturas nervosas e a calibrar seu comportamento. E, finalmente, a *meta* surgirá diante dele.

No exemplo em questão, que trata da conquista de um comportamento assertivo por um mentorado, a sua nova maneira de se colocar diante de eventos ou de pessoas poderá se mostrar real e transformadora ou não; neste caso, o mentorado ainda não terá conseguido mudar sua maneira de proceder e, ainda motivado, voltará a tentar envolver-se nesse processo de transformação.

Na vida real, essa sequência não necessariamente acontece de maneira tão determinada: as diferentes etapas do desenvolvimento da motivação podem se sobrepor, podem ocorrer em outra ordem ou, ainda, uma delas pode não existir. Mas, em todo esse processo, o mentor se manterá dando suporte ao mentorado e, com sua maior experiência, acompanhará o seu progresso e fará a leitura dos acontecimentos a partir de uma outra visão, a fim de sugerir-lhe novas formas de ação.

O QUE PODE AMPLIAR A MOTIVAÇÃO

Embora a motivação não nos possa ser transmitida por alguém nem imposta pela organização, já que surge de um processo mental interno, há algumas atitudes que podemos tomar para potencializar a intensidade da nossa motivação. Em seu livro *Supermotivação: uma estratégia para dinamizar todos os níveis da organização*, Dean Spitzer, consultor especializado em avaliação de performances, relaciona algumas atitudes que as organizações e as pessoas que nelas trabalham podem tomar para aumentar seu grau de motivação.

- Ser mais ativo no trabalho, participando e tomando iniciativas.
- Ter momentos de diversão no trabalho, como surpresas, festas, presentes.
- Adicionar variedade ao trabalho, mudando funções, tendo contato com clientes, visitando filiais e outras áreas da organização.
- Pedir sugestões e ideias aos funcionários que tenham mais conhecimento (isso irá ampliar a autoestima de todos).
- Permitir que os empregados façam escolhas com maior frequência.
- Tornar os funcionários responsáveis pelo trabalho que fazem.
- Oferecer-lhes oportunidades de liderar projetos.
- Oferecer-lhes oportunidades de interação social no ambiente de trabalho, em seminários, encontros, mentoring, *coaching*, etc.
- Sempre que possível, envolver-se em trabalhos de equipe.
- Oferecer oportunidade de aprendizado de alta qualidade aos funcionários.
- Tolerar erros, considerando-os como parte do processo criativo.
- Oferecer medidas de desempenho frequentes.
- Encorajar os funcionários a definir metas e planos de carreira.
- Desafiá-los a expandir seus limites.
- Criar um ambiente que possa ser melhorado por todos.
- Criar clima de apreciação do esforço e da dedicação dos funcionários.

ANÁLISE DA REALIDADE

Como personagens de um conto de fadas, todos vivemos em um mundo em que nossas fantasias, sejam elas cor-de-rosa ou aterrorizantes, convivem com o que é convencionalmente chamado de vida real, preto no branco, realidade nua e crua. A princípio, parece fácil distinguir uma coisa da outra, mas não é bem assim.

Sempre que olhamos à nossa volta e tentamos entender o que é de fato real, esbarramos em uma questão prática: cada pessoa vê como realidade aquilo que é capaz de perceber e de decodificar a partir de seu próprio repertório cognitivo, incluindo aí suas crenças e convicções, clarezas e limitações. E como cada um possui uma coleção única e exclusiva de códigos, dá-se que existem tantas realidades quanto o número de seres que habitam o nosso planeta. Ou seja, cada um de nós, velho ou moço, PhD ou analfabeto, homem ou mulher, vive o seu próprio e único "mundo real".

Mas a boa notícia é que podemos nos colocar de acordo quanto a alguns comportamentos e situações aceitos convencionalmente e, dessa maneira, separar as nossas fantasias, digamos, mais fantasiosas, dos fatos que o senso comum determinou como sendo, de fato, existentes, ou seja, reais. Estes três parágrafos podem parecer um mero exercício de abstração filosófica, mas, como se verá adiante, apresentam uma questão de importância no processo de mentoring.

Conhecer e analisar a realidade nas conversas entre mentor e mentorado significa compreender, qualificar e agregar valor a aspectos que estão ligados a três instâncias: o Eu, o Outro e o Ambiente. Cabe ao mentor conduzir o mentorado, facilitando-lhe o processo de reflexão a respeito da maneira como ele se enxerga nesses contextos, sob o ponto de vista de seu amadurecimento profissional.

O EU

Costumamos pensar que nos conhecemos muito bem. Acreditamos que temos um grande domínio sobre nossos pensamentos, sentimentos e reações. Julgamos-nos seres livres, capazes de fazer escolhas de maneira autônoma, de fazer valer nossos desejos e de determinar nosso destino.

Mas não é bem assim.

Muitas vezes, nossas aspirações são frustradas ou, quando conquistamos algo que achávamos que era o nosso desejo, sentimos que não era bem aquilo o que queríamos e desanimamos. Isso costuma acontecer porque, na verdade, sabemos muito pouco sobre nós mesmos. Não temos o costume de refletir sobre o nosso eu, sobre como nos comportamos em relação aos outros ou sobre o que de fato é importante conquistar em nossa vida.

Por sabermos tão pouco sobre nós mesmos, o exercício de refletir da maneira mais isenta possível sobre nossas motivações, nossos medos, nossas limitações, nossas boas qualidades e nossas forças é uma das práticas mais fortes e reveladoras que podemos fazer. Não temos o hábito de refletir sobre nós mesmos. Em geral, nos sentimos um pouco estranhos quando tentamos fazer isso; chegamos a achar que é perda de tempo e a dizer para nós mesmos: "Eu deveria estar trabalhando duro, em vez de estar aqui sentado, pensando sobre mim mesmo".

Vários autores diferentes que escrevem sobre mentoring recomendam vivamente essa prática. Um deles, a doutora Lois Zachary, em seu livro, *The mentee's guide*, definiu da seguinte maneira a prática da reflexão pelo mentorado no processo de mentoring: "É a habilidade de examinar criticamente seus comportamentos, práticas, ações e pensamentos – sejam atuais ou do passado –, com o objetivo de desenvolver a si mesmo de uma maneira mais consciente e propositiva". Dessa maneira, o mentorado pode compreender não só quais são as posturas que precisa trabalhar em si, mas também que tipo de pessoas e de experiências podem ajudá-lo a desenvolver suas habilidades.

Como desenvolver a capacidade de refletir sobre nós mesmos? Trata-se de uma prática que se assemelha ao exercício de descrever a sua trajetória em uma linha do tempo, conforme explicado no capítulo anterior. Aqui, porém, o que se propõe é um mergulho mais profundo e, de alguma maneira, mais subjetivo. Não se trata tanto de refletir sobre os atos desenvolvidos no passado ou no presente, mas sobre como se sente em relação a si mesmo diante de um quadro mais amplo da vida.

Questões para reflexão

- Quais são as coisas mais importantes para mim, que eu nunca vou querer abandonar?
- Onde e como estou hoje?
- Onde e como eu gostaria de estar?
- Quais são as coisas boas que eu tenho e quais gostaria de aprimorar?
- Quais são as possibilidades e oportunidades que percebo diante de mim?
- Quais são as barreiras que terei de superar?
- Quais são as situações que podem ser paralisadoras ou bloqueadoras do meu desenvolvimento hoje e no futuro?

O OUTRO

"O inferno são os outros.". Frase das mais repetidas do filósofo e escritor francês Jean-Paul Sartre, ela traduz à perfeição um sentimento comum entre nós: a percepção de que os nossos problemas, os impedimentos que surgem diante de nós e os nossos fracassos são provocados pelas ações das pessoas que nos rodeiam. Tal pensamento pode nos fazer sentir como vítimas das circunstâncias e dos desejos alheios, uma atitude paralisante que nos redime de qualquer responsabilidade e possibilidade de intervenção sobre o que acontece conosco.

Sartre estava sendo sarcástico quando proferiu essa sentença; aliás, a expressão completa, em uma tradução livre, é a seguinte: "Não precisamos de grelhas flamejantes, pois o inferno são os outros". Ele acreditava que todos temos grande responsabilidade sobre o que acontece em nossa vida e que, só quando interiorizarmos essa certeza, nos tornaremos senhores do nosso destino.

É sob essa ótica que o mentorado deve, nesse processo de análise da realidade, avaliar a importância dos outros em sua trajetória pessoal e profissional. Ou seja, deve fazer uma apreciação proativa e procurar enxergar aqueles que o rodeiam como parceiros e eventuais promotores do seu crescimento, e não como rivais ou obstáculos.

Questões para reflexão

- Existem pessoas importantes que podem contribuir para o meu progresso?
- Posso distinguir quem poderá ser importante para o meu crescimento?
- Como percebo o outro?
- Que aspectos do outro me causam impacto?
- De que maneira reconheço os valores, as qualidades e as competências do outro?
- O que faço quando reconheço aspectos que julgo negativos no outro?
- Reconheço aspectos meus no outro?

O AMBIENTE

Nesse contexto, ambiente refere-se ao espaço de trabalho, no qual o mentorado estabelece relações com seus superiores, seus pares, seus subordinados e, também, com a cultura e os valores da organização. É fundamental que ele investigue em profundidade o seu ambiente de trabalho. A organização, de fato, valoriza e se compromete com o desenvolvimento de seus integrantes? O envolvimento de supervisores, gerentes e outros superiores hierárquicos é voltado ao desenvolvimento de futuros líderes da organização? Seus colegas de trabalho investem na própria formação profissional?

Essa reflexão é de grande importância, posto que o processo de mentoring trará resultados modestos para o mentorado caso a organização em que ele trabalhe não valorize aqueles que aspiram à liderança. Se, por fim, ficar concluído que a organização, de fato, não tem interesse em formar seus líderes, uma conversa franca entre mentor e mentorado pode apontar para uma atitude mais realista: o mentorado procurar outro lugar para desenvolver suas aspirações; afinal, o mentor não tem o compromisso de reter o empregado na empresa – seu foco é promover o crescimento e o amadurecimento do mentorado no ambiente que lhe for mais favorável.

Questões para reflexão

- Como você qualifica o seu ambiente?
- Como você se sente diante dele?
- Que particularidade do seu ambiente você considera importante ser trabalhada?
- O que percebe da realidade desse ambiente?
- Como você poderia agregar valor à sua realidade?
- O que, no seu ambiente, o estimula profissionalmente?
- E o que pode vir a desencorajá-lo?
- O que você pode mudar no seu comportamento para melhorar ainda mais o seu relacionamento na área ou na empresa?

CONSTRUIR ALTERNATIVAS

A função do mentor é criar para o mentorado um ambiente facilitador e, também, servir como um orientador para a sua aprendizagem. É igualmente importante que ele contextualize o mentorado dentro da situação da empresa, tanto no momento presente quanto em relação às suas perspectivas futuras na organização. É natural que o mentorado, especialmente quando se trata de um jovem, no início de sua vida profissional, não compreenda inteiramente a origem dos problemas e das dificuldades que enfrenta no ambiente de trabalho ou não tenha uma posição clara sobre suas metas profissionais. Aliás, é justamente por isso que ele necessita de um mentor. Este deve valer-se de seu conhecimento e experiência para compreender os obstáculos enfrentados pelo mentorado e sugerir formas de ultrapassá-los.

No entanto, é de grande importância lembrar ao mentorado que cabe a ele tomar as decisões a respeito do que quiser fazer, tanto as imediatas quanto as que terão repercussões de longo prazo. O crescimento profissional e o sucesso são dele, mentorado.

Além da sua experiência, o mentor deve valer-se de sua sensibilidade para decifrar a maneira como o seu mentorado funciona pessoal e profissionalmente. Trata-se de uma investigação para levantar as informações necessárias, que permitam ao mentor sugerir ao mentorado as melhores atitudes e ações diante das situações que surgirem.

Uma das questões a serem levantadas é sobre as culturas empresariais e os estilos de liderança que foram vivenciados pelo mentorado: "Eram culturas e líderes mais voltados ao atingimento de resultados ou ao relacionamento interpessoal?"; "Com qual dessas instâncias o mentorado mais se identificou?".

Também é importante obter informações sobre a imagem que o mentorado acredita transmitir às pessoas. Como seus superiores, pares e subordinados o enxergam? Quais são as características, na sua opinião, que essas pessoas veem em você? A resposta para essa questão poderia ser, por exemplo: "Meus subordinados diriam que eu sou persistente, exigente", ou "Muitas vezes, fui pouco presente".

Falar sobre o líder ou os líderes que o mentorado tem como modelo é também bastante elucidativo para entender as suas aspirações. "Que características desse líder-modelo ele gostaria de possuir?" ou "O que ele precisaria desenvolver para ser como o seu modelo?".

O método socrático é uma técnica de investigação que pode servir como um poderoso auxílio diante das dúvidas do mentorado quanto a como reagir diante de uma determinada situação. Como o nome diz, a técnica deve seu nome ao filósofo grego Sócrates, que viveu há 2.500 anos, e é baseado na maiêutica, um método em que a multiplicação de perguntas faz com que o interlocutor reflita de maneira aprofundada sobre suas próprias verdades e entenda melhor o objeto analisado. Dessa maneira, mentor e mentorado relacionam os prós e contras de uma ação, e isso os ajuda a definir a melhor escolha na situação experienciada.

Cinco perguntas que ajudarão o mentorado a dar significado às suas metas

Aprofundar a conversa sobre os objetivos profissionais do mentorado irá ajudá-lo a dar sentido a seus planos e a torná-los exequíveis. A seguir, algumas perguntas que poderão levar o mentorado a refletir sobre a consistência de seu projeto de vida.

1. Diga, da maneira mais clara e direta possível, o que você quer desenvolver?
2. Como você vai medir o seu progresso em direção ao seu objetivo?

3. É possível você atingir o seu objetivo no contexto em que vive hoje?
4. Por que você quer chegar a essa meta? Ela é, de fato, relevante para você?
5. Em quanto tempo você pretende atingir o seu objetivo?

Cinco perguntas que ajudarão o mentorado a explorar alternativas para os desafios da sua carreira
Ao mentor, não cabe tomar decisões pelo mentorado. Este é quem controla os seus atos, decide o seu destino e deve responsabilizar-se pelas consequências. Cabe, porém, ao mentor levantar temas que ajudarão seu pupilo a decidir-se pelas melhores saídas.

1. Analise a situação que você está vivendo. Que sensações ela provoca em você? O que espera dela?
2. Quais obstáculos você precisa gerenciar?
3. De que instrumentos ou pessoas você precisa para superar este momento?
4. Quais são as alternativas de solução que você vislumbra neste momento?
5. Como e quando você vai saber que solucionou o problema da melhor forma possível?

AVALIAÇÃO

Uma sessão de mentoring passa, portanto, por cinco momentos.

No primeiro momento, o mentor escuta o relato de seu mentorado sobre alguma questão que este esteja vivendo. Por exemplo, ele vem enfrentando dificuldades para administrar o seu tempo no dia a dia, ou faz queixas diversas, como: os subordinados não ajudam, a pressão do chefe é exagerada, o *briefing* das tarefas deixa a desejar, etc. O mentor faz perguntas para tentar organizar as percepções, filtrar sentimentos e tentar colocar o foco no ponto central.

O segundo momento é aquele em que são levantadas as possibilidades de ação que o mentorado tem diante do desafio que surgiu à sua frente. Será que a dificuldade em administrar o tempo não é consequência de as prioridades do trabalho não estarem bem definidas? Uma possibilidade de ação, então, seria estabelecer melhor as prioridades.

Na fase seguinte, com mentor e mentorado de acordo quanto as melhores alternativas de ação, ambos passam a analisá-las em profundidade com a finalidade de implementá-las.

O quarto passo é formular uma ação bem concreta, com previsão de data e local para acontecer, assim como do resultado esperado. Por exemplo, o mentorado pode assumir o seguinte compromisso: "A partir da próxima reunião, vou definir com o meu gerente a nossa agenda e vou começar, como tarefa número 1, a finalização da tomada de preços e a compra dos novos computadores para o departamento; com isso, vou finalizar o trabalho, que já está atrasado".

O quinto passo na sessão de mentoring é uma recapitulação de toda a conversa, uma avaliação dos pontos que foram discutidos e a reafirmação da ação combinada entre mentor e mentorado. Também a pauta da próxima reunião pode ser acertada, o que permitirá que o mentor se prepare para o encontro, organizando os assuntos que poderão ser levantados, trazendo alguma bibliografia de apoio, etc.

Essa avaliação será muito mais rica caso seja feita sem julgamento de valor. Ou seja, não se quer avaliar se o encontro foi bom ou ruim, se mentor e mentorado gostaram ou não. Uma sugestão para tornar essa avaliação mais objetiva é usar quatro verbos como guias de conversa: aprender, aprofundar, apresentar e aplicar – os quatro As.

O mentor pode iniciar a avaliação a partir do verbo "aprender", perguntando: "O que você aprendeu aqui, hoje?". Ele também pode afirmar: "Eu, mentor, aprendi bastante com os pontos que você levantou para a nossa discussão". Que assunto ou aspecto do que foi dito se quer "aprofundar"? A sessão pode não ter sido longa o suficiente para esgotar um assunto ou ela levantou pontos inéditos, que o mentorado deseja esclarecer de uma maneira mais extensa. "Apresentar" refere-se à possibilidade de o mentorado já mostrar, para as outras pessoas, uma evidência do que aprendeu, ou seja, uma nova informação, um ponto de vista ou uma transformação em seu estado de energia. Finalmente, "aplicar" é o que será colocado em prática, a partir do aprendizado desenvolvido na sessão.

Ao fechar a sessão com uma avaliação desse quilate o mentor estará efetivamente ajudando a reforçar o que foi tratado no encontro e sendo beneficiado, ele também, por um exercício de aprendizado, que deve ser permanente. É um ato compartilhado que, com um propósito sincero, fará crescer profissional e pessoalmente tanto o mentor quanto o seu mentorado.

O FEEDBACK

A palavra *feedback* não tem uma tradução direta para o português. O dicionário explica que *feedback* é uma "informação que o emissor obtém da reação do receptor à sua mensagem, e que serve para avaliar os resultados da transmissão", mas isso não traduz, por sua tecnicidade, a calorosa relevância que o *feedback* tem no mentoring. Como o mentoring é um processo de *empowerment*, que se apoia na comunicação, o *feedback* é a sua principal ferramenta.

Em nossa vida profissional, costumamos receber *feedbacks* o tempo todo. Seus propósitos são interromper, mudar ou reforçar um determinado comportamento. Se tivermos a sorte de trabalhar em uma organização que valorize o progresso e o crescimento de seus integrantes, esse *feedback* costuma vir na forma de uma conversa proativa, na qual é feita uma avaliação da nossa forma de agir em que há uma crença sincera na nossa capacidade de superar nossos limites. Em outros ambientes menos afortunados, ele vem na forma de críticas, de silêncios, de indiferença ou, mesmo, de hostilidade.

No mentoring, a motivação em se dar *feedback* deve ser sempre positiva e generosa. Por isso, costumo dizer que o *feedback* é um presente que uma pessoa dá à outra. Em vez de julgar ou criticar o mentorado, o mentor revela as próprias percepções, reações e elaborações quanto ao impacto do comportamento ou das ações do mentorado sobre os resultados na empresa, entre outros, e foca exclusivamente em sua missão, que é colaborar de maneira presente, honesta e sem restrições para o amadurecimento do mentorado.

Sendo assim, construtivo e positivo, o *feedback* será de grande utilidade para o mentorado. Esse processo deve ser sempre específico, ou seja, referir-se a ações, situações e eventos recentes que tenham relação facilmente identificável com o contexto profissional do mentorado. É de grande relevância, também, que as sugestões de ações a serem tomadas sejam realizáveis pelo mentorado e apontem para situações que possam ser, de fato, modificadas. De nada adiantará fixar compromissos que extrapolem a função do mentorado ou exijam decisões que ele não tem condições de tomar.

Todas as pessoas, sejam *trainees* ou profissionais já com alguma experiência, precisam ser encorajadas a continuar em seu processo de aprendizagem. Com o *feedback*, elas saberão como estão se saindo e quais pontos da sua atuação precisam ser melhorados.

COMO DAR FEEDBACK

A primeiro coisa que o mentor deve observar, antes de dar *feedback*, é a sua própria intenção e postura mental em relação ao mentorado. Caso perceba que aquilo que está prestes a dizer não irá contribuir para o sucesso do outro, ele deve, literalmente, mudar de assunto. É melhor calar-se a fazer julgamentos, fofocas ou manter uma conversa sem sentido, e, nem é preciso dizer, a expressar alguma opinião motivado pela raiva ou pelo desejo de punir o mentorado.

Mas se sentir que, de fato, o que tem a dizer poderá contribuir para o crescimento do mentorado, o mentor deverá fazê-lo de forma calorosa, com real presença, dirigindo-se diretamente a ele em uma conversa franca e amigável. Isso é importante, porque a forma como o *feedback* é dado tem tanta importância quanto o seu conteúdo.

Algumas posturas podem ajudar o mentor a dar um *feedback* eficaz e proveitoso.

- Torne o seu *feedback* específico em relação ao comportamento.
- É preciso dar o *feedback* na hora e circunstância apropriadas, fora disso ele se torna história.
- Considere as necessidades da pessoa que está recebendo o *feedback* e também as suas. Pergunte-se o que ela extrairá das informações, e considere o seguinte: estou apenas "descarregando informações" ou realmente tentando melhorar o desempenho ou a relação?
- Dê *feedback* especificamente sobre o comportamento em relação ao qual o receptor pode fazer algo.
- Leve o outro a solicitar o *feedback*, em vez de impô-lo.
- Evite rotular, julgar.
- Defina o efeito do *feedback* sobre você, sobre a unidade, sobre a equipe e sobre a empresa.
- Coloque suas afirmativas na primeira pessoa do verbo (eu) e não na terceira (você), a fim de reduzir a postura defensiva de quem estiver recebendo o *feedback*.
- Verifique se houve clareza na sua comunicação.
- Forneça o *feedback* com linguagem verbal, tom de voz e linguagem corporal calmos e tranquilos.
- Use elogios e outros instrumentos de reforço; é a forma mais eficaz de *feedback*.
- Evite a crítica; é a maneira mais ineficaz de *feedback*.
- A diferença entre a crítica e o conselho está ligada ao *timing*. A maioria das críticas pode ser feita como se fosse um conselho.

- Quando o *feedback* vem "disfarçado", no meio de uma conversa trivial, seu impacto é diluído, e o outro acaba confuso e sem saber o que fazer.
- O silêncio nem sempre é entendido da mesma maneira, podendo ser interpretado de diversas formas; portanto, cuidado ao utilizá-lo quando a intenção for dar *feedback*.

Como receber feedback

Muitas pessoas têm dificuldade em ser avaliadas ou em ouvir algo a seu respeito que não seja totalmente favorável. Esse eventual desconforto pode ser minimizado pelo conhecimento de que, quando se recebe um *feedback*, o maior poder está com você, que o recebeu, e não com o outro, que o forneceu. No caso, o mentorado é quem vai decidir se modificará o seu comportamento a partir do que ouvir do seu mentor. Ninguém tem o poder de mudar outra pessoa, só ela mesma pode se transformar. Portanto, se o mentorado decidir mudar sua maneira de agir a partir de um *feedback*, o mérito será dele e não do mentor.

Algumas atitudes assumidas pelo mentorado podem fazer com que essa experiência tenha um significado marcante no desenvolvimento da sua vida profissional.

- Durante o *feedback*, escute com atenção. Não é o momento de replicar, retrucar ou se justificar. Ficar preocupado com *status* ou prestígio pode colocar a perder esse importante momento.
- Solicitar esclarecimentos sobre um *feedback* deve ter a função exclusiva de assegurar-se de que todos os pontos foram completamente compreendidos.
- Ao final do *feedback*, deve-se agradecer o esforço e a contribuição do outro e, depois, decidir o que fazer com ele.
- Se os temas levantados durante o *feedback* parecerem incômodos, é útil pensar que o desconforto pode estar sendo provocado apenas por nossa imaginação. Muitas vezes, sentir-se ofendido, diminuído, desqualificado ou acusado nada mais é que uma armadilha do nosso orgulho; dar atenção a isso pouco irá contribuir para o nosso crescimento.
- Ao se preparar para receber um *feedback*, tente manter o seguinte pensamento e repeti-lo, como se fosse um mantra: "O *feedback* pode ser útil para mim; ele me permite perceber como as minhas atitudes e posturas podem interferir no processo".

- Se o mentorado considerar que a percepção do mentor não coincide com a sua própria percepção, um truque mental é dar 1% de chance de que o que ouviu seja verdadeiro, que o mentor esteja trazendo uma informação nova, da qual ele, o mentorado, não estava consciente.
- Se o *feedback* for, de fato, incômodo, é aconselhável dar 10% de chance de que o mentor tenha tocado em um aspecto que o mentorado tenha dificuldade em lidar.

História real
A MILITANTE DESCOBRE SEU LADO EMPRESÁRIO

Mal acabara de completar 17 anos de idade, já uma liderança de destaque nas manifestações do movimento estudantil no Rio de Janeiro, Simone costumava assustar seus pais e provocar intermináveis polêmicas com os tios ao declarar, nos almoços de família, que um dia tomaria o poder e ajudaria a dar fim à propriedade privada. A bravata, que hoje talvez fosse incapaz de fazer qualquer membro da família levantar os olhos do macarrão domingueiro, despertava paixões e temores na sociedade brasileira polarizada da época.

O clima político no País, depois de uma década de prisões e violências, começou a se distensionar lentamente; em meados dos anos 1970, quem se manifestasse abertamente contra o governo ainda corria riscos. Mais perigoso ainda era o cidadão ou a cidadã decidir ingressar em organizações políticas que não fossem aquelas oficialmente aceitas, e, na época, havia apenas duas: a Arena (Aliança Renovadora Nacional), que apoiava o governo militar, e o MDB (Movimento Democrático Brasileiro), que era a oposição.

E Simone foi justamente participar de uma organização de esquerda clandestina. Ao contrário de muitos conhecidos seus, conseguiu manter-se em liberdade e driblou a perseguição da polícia política do governo militar, até que, para alívio dos pais e queixas amargas dos tios, a chamada abertura política afastou de vez o perigo da violência política. Com um diploma de socióloga no currículo e militante, desde a primeira hora, do Partido dos Trabalhadores, Simone foi trabalhar com políticos, secretários e ministros ligados ao partido, sobretudo na área de comunicação, mais especificamente no contato com a imprensa.

Com facilidade para se expressar, determinada, criativa e dona de uma enorme capacidade de trabalho, Simone era conhecida e querida nos quadros do partido. Por mais de uma vez, mudou-se do Rio de Janeiro, atendendo aos convites de trabalho que recebia. Tornou-se admirada pela habilidade e pelo sangue frio com que enfrentava as inevitáveis trombadas políticas que ocorrem nessas instâncias. Com a posse do presidente Luiz Inácio Lula da Silva, em 2003, mudou-se para Brasília. Na capital do País, trabalhou em vários órgãos do Executivo.

Quando estava prestes a completar 50 anos, iniciou uma experiência riquíssima, embora desafiadora, no Ministério da Cultura. Ali, ela era responsável por coordenar e garantir a produção de centenas de mostras, oficinas e programas de incentivo à cultura que percorriam e tinham lugar em centenas de municípios em todos os estados brasileiros. E era uma batalha atrás da outra. A Câmara de vereadores de uma cidade que denunciava uma daquelas ações; o prefeito que não queria ceder o ginásio da cidade; o secretário estadual que brigava com o presidente; o caminhão que não podia descarregar o cenário de uma peça de teatro porque algum papel não fora assinado; o governador que era inimigo político do ministro; a coleção de livros raros que era enviada para o Acre, quando o destino era Santa Catarina; o mesmo secretário estadual que agora fazia as pazes com o presidente; o funcionário antigo que sentia que ela invadia sua área de atuação... Simone, noite e dia, toureava vaidades, escapava de armadilhas. Era a grande negociadora.

Depois de três anos desatando nós cegos em pingos d'água e fazendo laços em fumaça, Simone teve uma estafa. Pediu licença do trabalho e foi para a casa da mãe. Lá, entre chás, bolos, filmes na TV, visitas dos tios, agora já velhos e suaves, e praias, decidiu que não mais continuaria naquela vida. Ainda gostava de política, mas tomara horror à politicagem. Não! Estava decidido. Não continuaria mais fazendo aquilo.

Mas, se não fizesse aquilo, o que faria? Depois de quase 40 anos em gabinetes, assessorias e campanhas políticas, será que dava para jogar tudo para o alto e começar em uma nova profissão? Nem se recordava mais onde havia guardado seu diploma de socióloga. Por intermédio de um amigo comum, Simone iniciou um processo de mentoring com Áurea, uma *coaching* e mentora que já havia participado de alguns processos com políticos.

"Nestes anos todos, você desenvolveu habilidades que são preciosas em qualquer ramo profissional", disse Áurea. "Gerenciar conflitos, negociar agendas e projetos, conciliar interesses divergentes são atributos indispensáveis para qualquer gestor que almeje o sucesso, e têm alto valor no mercado.". Simone tinha dificuldade em enxergar a utilidade dessas qualidades, mas foi se convencendo aos poucos, à medida que Áurea explicava que negociações, grupos partidários, radicais, autoritarismos e servilismos estão tão presentes nas organizações privadas quanto nos palácios.

Havia ainda outro desafio a superar. "Passei toda a minha vida criticando a iniciativa privada, será que me adaptarei depois de tanto tempo?", perguntava-se Simone. Não era brincadeira; essa crença restritiva, alimentada por tantos anos de militância política à esquerda, de fato a fazia enxergar como uma traição aos seus princípios associar-se a algum empreendimento em que o lucro fosse a preocupação central.

Ganhar o necessário jogo de cintura para abandonar essa visão exigiu várias sessões de mentoring e uma longa reflexão por parte de Simone. Afinal, a antiga militante convenceu-se de que a vida tem outras nuances que não apenas o preto e o branco, o certo e o errado, os mocinhos e os bandidos. Ainda que não totalmente convencida, Simone foi à luta. Preparou seu currículo, orientada por sua mentora, enfatizando mais as habilidades que possuía e os desafios que enfrentara do que simplesmente enumerando os postos de trabalho que ocupara.

A primeira oportunidade surgiu na organização da logística de uma exposição de arte indígena, que percorreria lugares públicos em várias cidades do Sul do País. Vários fornecedores deveriam ser coordenados, caminhões alugados, agendas acertadas. No trabalho seguinte, Simone teria de levar pinturas de artistas contemporâneos por uma lista de galerias selecionadas. Logo, seria convidada a ser a curadora de uma mostra. Em pouco tempo, Simone estava à frente de seu primeiro evento internacional, circulando por vários países de língua portuguesa. Em todos esses trabalhos, foram muitos os pepinos, e ela, mesmo surpreendendo-se, constatou que possuía todas as qualidades necessárias para enfrentá-los, como bem lhe havia dito Áurea, sua mentora.

História real
BAOBÁS E UMA REVIRAVOLTA NA CARREIRA

Foi em um campo com pequenas mudas de árvores que Celeste teve o *insight* definitivo de que havia chegado o momento de fechar um ciclo da sua vida profissional. O fato se deu da seguinte maneira: Celeste foi convidada, com o marido e os dois filhos, para passar um final de semana numa fazenda no interior paulista. O proprietário, Bernard, sócio majoritário de uma metalúrgica, havia conhecido Celeste dois anos antes, quando negociava a venda de um galpão industrial para a empresa na qual ela trabalhava, e simpatizara com aquela jovem risonha, cheia de energia e decidida. Depois de alguns convites, finalmente as agendas se acertaram, e ela levou a família até a fazenda, que Bernard, agora aos 75 anos, se esmerava cada vez mais em cuidar e introduzir benfeitorias.

As crianças, depois de se divertirem cavalgando os puros-sangues no haras, brincavam na piscina em companhia do pai, quando Bernard chamou Celeste para uma caminhada. Queria mostrar-lhe, em uma parte distante da propriedade, sua mais nova obra. Também queria descobrir porque sua jovem amiga estava ensimesmada e recolhida, diferente do seu habitual. Chegaram a um campo gramado. Ali estavam dez pequenas mudas de árvores, devidamente distanciadas umas das outras. "São baobás, uma árvore de origem africana ameaçada de extinção, que foram importadas de Madagáscar", explicou Bernard. "Elas ficam enormes, com quase 50 metros de altura, e a circunferência de seu tronco pode chegar fácil aos 35 metros... Vai ficar lindo e grandioso isso aqui."

Celeste admirou-se: "Que fantástico, Bernard, você certamente ficará feliz passeando entre elas!". Mas Bernard deu um sorriso e disse: "Essas árvores precisam de, pelo menos, 75 anos para se desenvolverem totalmente, a idade que tenho agora... Acho que, com sorte, meus tataranetos as verão em toda a sua grandeza". Celeste tornou-se ainda mais pensativa, e Bernard perguntou-lhe se havia alguma questão que a estava incomodando, mas, como resposta, ela lhe deu apenas um sorriso.

Na volta para casa, no final do dia, e durante toda a segunda-feira, Celeste não parou de pensar no campo com uma alameda de baobás. No dia seguinte, terça-feira, a imagem ainda estava em sua cabeça, tanto que ela comentou com Bárbara, sua mentora já há dois anos.

"Não é incrível alguém fazer algo pensando nos tataranetos? Não é sensacional alguém ter um projeto transcendente e generoso como esse? Será que isso é ter um espírito empreendedor, confiar na sua força, ter certeza de seus propósitos e aventurar-se, tendo como meta tornar reais suas crenças, sem pensar em resultados imediatos, como fama, dinheiro ou reconhecimento?".

Essas reflexões já vinham de algum tempo. Celeste vinha se sentindo insatisfeita com a sua vida profissional. Fazia 12 anos que estava na empresa que havia construído do zero com o sócio-fundador, seu chefe. Do começo tímido em um escritório alugado no centro da cidade, a firma evoluíra para 300 funcionários, uma filial em Santos e uma frota de veículos. Hoje, era uma empresa respeitada no setor de importação e exportação, e Celeste ganhava bem, além de ser conhecida no mercado. Por que, então, não estava feliz?

Na quarta-feira, sentada diante do computador, Celeste digitou a palavra "baobá" e procurou por imagens na internet. As árvores enormes, com o tronco curiosamente volumoso e a folhagem bem no alto, pareciam gigantescas cenouras espetadas no chão. Eram estranhas e belas. Imaginou-se sentada à sombra de uma delas, naquela alameda que só existiria dali a 75 anos. Isso a deixou relaxada e, pela primeira vez, conseguiu traduzir em pensamentos claros o mal-estar que vinha sentindo:

"Sempre acreditei que era capaz de solucionar problemas e de colocar decisões em prática. Muitas vezes, me peguei dizendo: 'Pode deixar, eu faço', mesmo sabendo que não tinha toda a competência e nem os recursos exigidos para resolver o problema. Cresci muito nestes anos, profissional e pessoalmente, mas não sei em que momento essa aliança com o meu chefe e com a empresa se rompeu. Só sei que, a partir desse instante, minha autoconfiança e minha satisfação se abalaram, a ponto de eu me sentir insegura e não conseguir reconhecer o valor daquilo que faço".

E uma súbita decisão surgiu na sua mente, trazendo a tensão de volta: "Vou pedir as contas... Alguma coisa me impulsiona a sair o mais rápido possível dessa relação que está me deixando triste e agoniada. Mas, como farei? Não tenho nenhuma oportunidade de trabalho me esperando; não sei que tipo de trabalho gostaria de fazer nem onde quero estar no futuro".

Nesse estado de espírito, Celeste pediu uma reunião de emergência para Bárbara. Era urgente colocar em ordem os pensamentos e as prioridades e voltar os olhos para o mercado –, que lhe propôs alguns temas para conversarem nas reuniões de mentoring. Quais temas? O conteúdo da mochila de Celeste, ou seja, sua bagagem de experiência acumulada ao longo daqueles anos; como ela estava utilizando tais conhecimentos e quem ela imaginava que se interessaria por sua capacidade e competência; que indicadores ela usaria para mensurar sua satisfação e motivação no momento atual e no futuro; qual a viabilidade do trabalho ideal naquele momento; que fatores a fariam optar por uma ou outra oportunidade de trabalho, caso tivesse de fazer essa escolha; e, por fim, o que ela desejava da vida e da carreira.

Celeste surpreendeu-se com quão encorajador fora o exercício de inventariar a "mochila" de uma maneira profunda, em busca dos seus diferenciais profissionais. "Não é meramente atualizar um CV, com conquistas e postos preenchidos", comentou em uma das sessões. "Analisar a velocidade com que cresci profissionalmente, avaliar o estresse pessoal que surgiu em momentos importantes da carreira e refletir sobre o que valeu a pena ou o que poderia ter sido feito de maneira diferente foi um exercício que teve grande repercussão sobre mim", disse.

Outra prática de autoconhecimento que a fascinou foi a retrospectiva de suas relações afetivas e sociais; a mensuração da qualidade da vida que vinha tendo, do tempo que dedicava à família e aos amigos, do que dava nessas relações e do que esperava receber em troca. "Nunca havia feito isso de uma maneira distante, sem estar tomada pelo calor de alguma emoção", comentou. Ao final, o balanço foi positivo: "Sou capaz de enfrentar desafios e entregar resultados e, percebo agora, que a capacidade de decidir e de solucionar problemas profissionais nos torna maduros para a vida em geral".

Analisar os pontos de satisfação e de motivação, outro tema proposto por Bárbara, fez Celeste perceber que os resultados palpáveis obtidos, como posição e bons salários, não eram suficientes para deixá-la feliz. Ela sentia falta de algumas variáveis, como perspectivas de futuro, reconhecimento pela contribuição que dava ao negócio e tempo para absorção de novos conhecimentos. "São elementos que não pretendo deixar de lado quando for me decidir por outra oportunidade de trabalho", garantiu.

A mentorada contou que a questão sobre o que desejava da vida e da carreira, que no início lhe pareceu pouco prática, foi a que a fez pensar de maneira mais aprofundada sobre o que, de fato, queria para si. Quando compreendeu a pergunta, conseguiu formular uma condição ideal, sem data nem posição, que daria sentido a tudo que escolhesse fazer. Celeste divertiu-se ao pensar em projetos bem diferenciados das atividades que vinha desenvolvendo até então. "Fui desde uma ponta do espectro, ocupar a cadeira de executivo principal de uma empresa entrante no mercado e deflagrar o *start up* com a experiência que adquiri nos 12 anos em que passei na empresa, até montar meu próprio negócio na área de moda, assunto que conheço e gosto muito. E isso ainda vou fazer: um estúdio de roupas femininas. A logomarca já está escolhida: a imagem de uma alameda formada por grandes baobás."

Capítulo 8

HORA DE PARTIR

Colocar um ponto final em um relacionamento é sempre algo difícil de se fazer. Mas o fim de um processo de mentoring é um momento de crescimento, que proporciona grande maturidade profissional, devendo ser previsto e trabalhado desde antes dos primeiros encontros entre mentor e mentorado.

Um dia, o mentoring chega ao fim. Isso pode acontecer por mais de um motivo, mas, na maioria das vezes, ocorre porque o processo de mentoring tem data marcada para terminar; portanto, ao fim desse período as partes dão por encerrada a relação. Um divórcio amigável. A segunda possibilidade é mais espinhosa. Quando a relação entre mentor e mentorado não decola, as razões de isso acontecer podem ser muitas, como a agenda de encontros não ser obedecida por algum dos dois, o compromisso de sigilo ser quebrado ou não se conseguir estabelecer uma empatia entre ambos.

Há outras possibilidades que podem determinar a morte súbita desse processo. Quando o mentoring ocorre entre pessoas que pertencem à mesma empresa, pode acontecer, por exemplo, de o mentor ser transferido para a área em que o mentorado trabalha e vice-versa. Em uma situação assim, o processo deve ser interrompido, uma vez que não pode existir uma relação hierárquica direta entre eles. O processo também pode ser finalizado por motivos pessoais. Uma doença que obrigue um dos dois a se afastar ou a transferência do mentor ou do mentorado para outra cidade ou outro país, tornando o relacionamento difícil e incapaz de atender aos objetivos propostos, são exemplos de motivos pessoais.

Em todas essas possibilidades, o fim de um relacionamento tão profundo como é o mentoring sempre provoca alguma expectativa e tensão. É necessário, portanto, estar bem preparado para a possibilidade do desenlace.

O DIVÓRCIO AMIGÁVEL

O final de um relacionamento de mentoring é o momento mais importante em toda a sua dinâmica. Quando a relação termina, conforme já programado, o mentorado terá a chance de colocar em prática, agora contando unicamente consigo mesmo, todos os avanços e novos conhecimentos que conquistou com o auxílio de seu mentor. É nesse momento que o período de conversas, reflexões e mudanças de atitudes vai mostrar ao que veio.

Quando o mentoring é desenvolvido pela própria organização em que ambos trabalham, esse relacionamento costuma ter uma data certa para se encerrar, conforme determinado pelo RH da empresa, e, assim, o final no processo se torna natural para os participantes. Contudo, se o mentorado e o mentor estabeleceram essa relação fora do ambiente corporativo, é importante que a duração do processo seja acordada antes.

Há casos de mentoring que duram anos ou que se iniciam sem data para terminar, o que não é bom nem ruim. No entanto, é imprescindível que haja algum grau de formalização nesse relacionamento, uma vez que se trata de uma relação de trabalho e, portanto, precisa obedecer a alguns parâmetros, como reuniões agendadas com antecedência, um tema claro para ser tratado e a fixação de metas a serem atingidas.

Na maioria das vezes, a falta de perspectiva de um final para a relação pode provocar alguma distorção nos objetivos do processo, com o relacionamento se tornando exclusivamente uma relação de amizade (embora não haja qualquer problema em mentor e mentorado serem amigos), na qual dificilmente haverá espaço confortável para que observações sejam feitas, conselhos sejam dados ou críticas sejam levantadas com o necessário distanciamento e impessoalidade.

E mais: a falta de um ponto de conclusão na relação pode revelar uma certa insegurança do mentorado em caminhar com as próprias pernas. Neste caso, pode ter se desenvolvido um quadro de dependência emocional, algo que deve ser evitado a qualquer custo nessa relação, que tem como um de seus pressupostos básicos exatamente o incentivo e o reforço à autonomia pessoal e profissional. Além disso, se, graças ao processo, o mentorado estiver percebendo uma real e bem-sucedida transformação em sua vida profissional, aceitar o fim dessa relação exigirá ainda mais esforço.

Não raro, por receio de parecer presunçoso ao considerar que já está pronto para sair do processo ou por temer que seu mentor se sinta desprestigiado, o mentorado espera que a iniciativa de finalizar o mentoring seja tomada pelo mentor. Também pode acontecer de o relacionamento entre os dois ter evoluído para uma amizade, e o mentorado temer que esta termine quando os encontros regulares chegarem ao fim, preferindo, então, empurrar a questão com a barriga. No entanto, postergar ou arrastar desnecessariamente um relacionamento formalmente estruturado pode fazer com que o mentorado perca o seu *timing* no mentoring e retarde seu amadurecimento profissional.

É evidente que não há nenhuma contraindicação a que os envolvidos continuem se relacionando após o final formal de um processo de mentoring. Como já foi dito, essa é uma relação muito íntima e rara, e seria um desperdício não continuar tirando proveito dos benefícios que ela pode proporcionar de maneira continuada para o mentor e para o mentorado. Ambos devem trocar números de telefone, endereços de *e-mail* e outras formas de contato e devem, também, concordar em ser acionados da maneira mais informal que estiverem dispostos. Mesmo que a conversas passem a se dar em intervalos mais longos, digamos, a cada três ou seis meses, esses encontros podem ser bastante estimulantes e continuarem a ser um fator de crescimento profissional e de vida para os dois.

É necessário que, no final dessa dinâmica, o mentorado faça um balanço de quanto evoluiu do início do processo à última sessão. Esse fechamento é de grande importância para consolidar ganhos, traçar metas, discutir como ele pretende incorporar as novas habilidades desenvolvidas aos seus objetivos e definir planos de ação. Certamente, o mentor também alcançou conquistas relevantes durante o mentoring, e dizer isso ao mentorado emprestará um tremendo valor a todo o processo. E, muito importante, mentor e mentorado devem comemorar as conquistas alcançadas.

FOI BOM PARA MIM, E PARA VOCÊ?

As conquistas no mentoring variam de acordo com o que o mentorado tenha fixado como metas e com a sua capacidade de realizá-las. A lista a seguir traz exemplos dos ganhos geralmente apontados por aqueles que já passaram por esse processo; examiná-la pode trazer sugestões de metas que poderão ser fixadas para essa dinâmica.

Ao final do mentoring, meu mentor me ajudou a:

- Ter uma perspectiva de carreira e desenvolver habilidades para gerenciar meus próximos passos profissionais.
- Perceber as relações dentro da hierarquia da organização e me movimentar dentro dela.
- Entender alguns parâmetros para reconhecer pessoas.
- Posicionar-me diante do meu chefe ou do RH da minha organização para defender minhas expectativas de crescimento profissional.
- Refletir sobre temas que aumentaram minha capacidade de decisão ou aprimoraram meus conhecimentos técnicos.
- Ter acesso a várias fontes de conhecimento e a pessoas que me ajudaram com seu *know-how*, as quais me foram apresentados por ele.
- Criar uma lógica e uma sequência de passos na análise e no enfrentamento de situações de tensão e conflito.
- Aprender como acessar minha própria experiência para resolver desafios.
- Perceber as diferenças entre as pessoas e fazer uma leitura delas, o que me possibilita ajustar-me com maior facilidade.
- Despertar em mim gostos e aspirações novas, que eu não imaginava que existissem.
- Ter *insights* para resolver problemas surgidos no dia a dia da empresa, ao relatar as experiências reais que havia vivido.
- Conectar minha postura no trabalho com a maneira como me relaciono com a minha família.
- Posicionar-me diante do mercado.
- Aceitar *feedback*.
- Entender que não basta ter desejos, gostos ou ambições sem uma disciplina e uma prática que permita alcançá-los.
- Relacionar-me e integrar-me com pessoas com as quais eu não estabeleceria nenhum tipo de contato.

Ao final do processo de mentoring, percebi que meu mentorado me ajudou a:

- Recuperar e fortalecer minha autoestima.
- Dar valor à minha história.
- Entender que a minha história pode ajudar os outros.
- Escutar e aprender.

- Praticar confiança com outras pessoas.
- Atualizar-me sobre novos conceitos.
- Descobrir que os problemas novos são idênticos aos velhos, mas que têm de ser vistos pelo ponto de vista das outras pessoas.
- Entender que apenas ouvir as perguntas do meu mentorado com presença autêntica é, muitas vezes, suficiente para que ele mesmo encontre as respostas.

ROTEIRO PARA O BALANÇO FINAL DO PROCESSO DE MENTORING

Tão importante quanto os passos dados ao longo dos encontros com seu mentor é o registro que o mentorado deve fazer, de maneira sistematizada, dos avanços que conquistou. O levantamento das boas mudanças de atitude inspiradas no mentoring, ou apenas o fato de tomar conhecimento das lacunas que persistiram, possibilitará ao mentorado balizar suas ações futuras.

Esse balanço final pode se tornar mais proveitoso com o auxílio das questões para reflexão sobre quatro pontos importantes, que relacionamos a seguir.

- **Ponto 1.** Ensinamentos trazidos pelo mentoring para a minha trajetória profissional

    Questões para reflexão
    - Atingi meus objetivos de aprendizagem?
    - Se considero que os atingi, o que eu aprendi, afinal?
    - Caso não os tenha atingido, o que impediu que isso acontecesse?
    - O que o mentor me ensinou de mais valioso?
    - Qual foi a nova inspiração, perspectiva ou abordagem que conquistei?
    - O que mais preciso aprender?

- **Ponto 2.** Ensinamentos trazidos pelo mentoring para a minha trajetória pessoal

    Questões para reflexão
    - O que aprendi sobre mim mesmo?
    - O que eu faria de diferente no mentoring, com os conhecimentos que adquiri no processo?

- Desenvolvi uma nova visão que poderei aplicar em minha relação com a família e os amigos?
- Que novos pensamentos e ideias aprendidos no mentoring eu poderia sugerir para as pessoas do meu círculo pessoal?
- Depois da experiência que tive, sinto-me capaz de também me tornar um mentor?
- Hoje, sinto-me mais confiante com as minhas próprias forças?

- **Ponto 3.** Aplicação do que foi aprendido no mentoring

    Questões para reflexão

    - O que vou fazer a partir de agora?
    - Agora, sem a ajuda do meu mentor, o que é necessário para eu colocar em prática o que aprendi?
    - Que ações específicas vou colocar em prática a partir de agora?
    - O que pode me impedir de transformar em ação o que foi aprendido no processo?

- **Ponto 4.** Celebração do sucesso do relacionamento de mentoring

    Questões para reflexão

    - Qual seria uma forma significativa de celebrar o que conquistei?
    - De que maneira posso expressar minha satisfação com o meu mentor?

Plano de ação

Após o processo de fechamento do mentoring, com seu quase inevitável clima emocional, e o mentorado refletir e medir os avanços conquistados, a maneira mais eficiente para ele, de fato, colocar em prática o que foi aprendido em todas as conversas e atividades é traçando um plano de ação real.

Esse plano consiste em fixar uma estratégia de atuação, com propostas as mais concretas possíveis, na qual exista um sério compromisso de atuar de maneira diversa da que vinha sendo feita até então, tendo como parâmetros para esse plano eixos de atuação que foram fixados como metas no início do processo. Agora, no final, é de se esperar que o mentorado tenha uma ideia bem mais clara de como transformá-los em realidade.

Com o intuito de facilitar esse processo ao mentorado, inserimos aqui um plano de ação elaborado por um profissional da área de tecnologia da informática, que, em seu processo de mentoring, buscou desenvolver as habilidades de empreender, organizar, questionar e compreender. Nessa carta de intenções, ele relaciona as ações concretas que pretende tomar para, efetivamente, transformar sua maneira de atuar, tanto na dimensão profissional quanto pessoal.

Exemplo de Plano de Ação para o autodesenvolvimento do mentorado

Empreendedorismo – Organização – Questionamento – Compreensão

1 – Empreender

Objetivo

Desenvolver a habilidade de empreender e construir uma área de arquitetura e suporte diferente daquilo que foi feito até o momento. Alinhar essa habilidade com as necessidades de negócio e utilizá-la para que possibilite a criação de valor para a área de TI, aumentando o foco no cliente, imprimindo maior velocidade na resolução de problemas e buscando constantemente inovações para a organização.

Plano de ação

- Incentivar o surgimento de ideias na área.
- Reforçar a necessidade de cada subordinado direto arriscar-se mais e comprometer-me a dar apoio para que eles possam ousar e, caso não dê certo, serei firme no meu apoio e estarei ansioso pela nova tentativa.
- Arriscar e respeitar os que não são "ousados na mesma proporção"; neste caso, basta que me sigam e confiem aonde quero levá-los.
- Inovar e mudar. Buscar criar com meus subordinados diretos um ambiente de confiança e que sustente os processos de inovações e de geração maior de valor.

2 – Organizar

Objetivo

Desenvolver a habilidade de organização, para traçar as metas da superintendência, levando em conta as virtudes e os defeitos que temos hoje. Apoiar meus subordinados diretos na organização de suas ações para elevarmos o grau de confiança das áreas parceiras. Organizar a divulgação de cada conquista. Organizar a agenda para acompanhamento das ações em andamento e das metas estabelecidas.

Plano de ação

- Desenvolver a habilidade de organização para traçar e acompanhar as metas da superintendência, levando em conta as virtudes e os defeitos que temos hoje. Estar próximo de cada subordinado direto para organizar as metas e os caminhos a serem seguidos, bem como acompanhar de perto os principais projetos.
- Organizar as ações dos meus subordinados diretos, para elevarmos o grau de confiança das áreas parceiras. Estar próximo deles para alinhar as expectativas.
- Organizar a divulgação de cada conquista. Estar presente para aplaudi-las.
- Organizar agenda para acompanhamento das ações em andamento e de metas estabelecidas. Definir e compartilhar a lista de prioridades e garantir que as ações táticas estejam alinhadas à estratégia definida.

3 – QUESTIONAR

Objetivo

Desenvolver a habilidade de questionar meus subordinados diretos sobre suas decisões e os ganhos verdadeiros para a organização. Questionar meus clientes e parceiros sobre as ações da área e os ganhos gerados. Questionar meus colaboradores para que as soluções do caminho a ser seguido sejam construídas em conjunto. Questionar meu comportamento em situações de estresse.

Plano de ação

- Desenvolver a habilidade de questionar meus subordinados diretos sobre suas decisões e os ganhos verdadeiros para a organização. Ter certeza de que estamos buscando a excelência.
- Questionar meus clientes e parceiros sobre as minhas ações e os ganhos gerados; às vezes pedir diretamente um *feedback*, outras vezes aprender a ouvir o que meus parceiros têm a me dizer, levando em conta, inclusive, a linguagem corporal.

- Questionar meus colaboradores para que as soluções do caminho a ser seguido sejam construídas em conjunto, lembrando que ao "falar" representamos o passado; ao "escutar", o presente; e, ao "perguntar", damos a oportunidade de construirmos em conjunto o futuro.
- Questionar o meu comportamento em situações de estresse. Buscar manter o equilíbrio e a segurança para quem está comigo.

4 – COMPREENDER

Objetivo

Desenvolver a habilidade de compreender as diferenças, compreender que o empreendedorismo requer correr riscos e aprender a lidar com a maior probabilidade de cometer erros. Compreender que a minha imagem formada no passado pode ainda "contaminar" o meu presente. Compreender a agenda estratégica dos meus clientes e, principalmente, compreender a fundo meus colaboradores, incluindo nessa compreensão seus anseios, medos e motivações.

Plano de ação

- Desenvolver a habilidade de compreender as diferenças, lembrando-me de que, para compreender, é necessário ouvir. Ouvir o outro, seja numa reunião, seja num café ou almoço, seja por *e-mail*...
- Compreender que o empreendedorismo requer correr riscos e lidar com a maior probabilidade de cometer erros. Para isso, aprimorar o modelo de gestão para empreender e correr riscos de forma controlada.
- Compreender que a minha imagem formada no passado pode ainda "contaminar" meu presente. Assim, vou dobrar a atenção para lidar principalmente com as pessoas para as quais preciso reforçar minha nova imagem.
- Compreender a agenda estratégica dos meus clientes e, principalmente, compreender a fundo meus colaboradores. Criar fóruns específicos que me permitam estar mais próximo dos clientes e colaboradores.

O DIVÓRCIO LITIGIOSO

Como qualquer outra atividade que envolva a convivência entre pessoas, o mentoring também tem um potencial de problemas, dificuldades e mal-entendidos. Nem tudo será sempre um mar de rosas, mas conhecer os perigos que podem estar ali, depois da curva do caminho, pode preparar o mentor para enfrentá-los da melhor maneira possível.

É importante sempre ter em foco que o processo de mentoring é uma atividade que consome tempo e energia dos envolvidos. O envolvimento necessário não se limitará àquela hora e meia ou duas horas em que dura o encontro dos dois, mas também às horas que, tanto para o mentor quanto para o seu mentorado, terão de ser dedicadas à reflexão sobre os temas a serem tratados, à pesquisa de referências, às conversas com outras fontes, etc.

Conhecer o mentoring no papel é algo bem diferente da atividade real, quando duas pessoas estão frente a frente e dão início a um processo que envolve uma profunda troca de opiniões. Em alguns momentos, ele pode ser perturbador para os envolvidos e exigir que ambos se deparem e reajam diante de situações que talvez nunca tenham enfrentado.

O mentoring também pode terminar antes do prazo estipulado por iniciativa de uma das partes. Vários motivos podem levar a isso, e um deles é não honrar os compromissos assumidos, como cumprir a agenda de encontros, executar as tarefas acordadas com o mentor ou descumprir o compromisso de manter toda conversa nas sessões sob o mais absoluto sigilo. Podem surgir situações de rompimento mais graves, como o assédio moral ou mesmo o sexual. Mentor e mentorado podem iniciar um envolvimento romântico ou, simplesmente, podem não conseguir estabelecer uma relação de empatia.

Tanto o mentor quanto o seu mentorado devem, o tempo todo, perguntar-se se a relação entre eles está boa, se está funcionando. Não é algo que deve ser deixado para um balanço final, nem esperar que o incômodo com algumas diferenças de opinião chegue ao ponto de uma ruptura irreversível. Eventuais dificuldades e falta de entrosamento podem ser corrigidos em uma conversa transparente e sincera.

No livro *Mentoring: theory and practice*, publicado pelo Imperial College School of Medicine de Londres, são relacionados alguns pontos para os quais o mentor deve estar sempre atento:

- Incompatibilidade de personalidade entre o mentor e mentorado.
- Frustração de expectativas.
- Mentor ou mentorado relutantes em aceitar sugestões ou opiniões.
- Mentorado que reage de maneira passional diante de críticas ou sugestões.
- Falta de incentivo da organização ao processo de mentoring.

- Dificuldades relacionadas a diferenças de gênero, cultura ou raça.
- O surgimento de envolvimento emocional.
- Quebra de confidencialidade.
- Conflitos advindos dos papéis de gerente, assessor e mentor.
- Impactos provocados pelo processo em pessoas que estão fora da relação mentor e mentorado.
- Limites e parâmetros não acertados antes do relacionamento ter início.

História real
HUMBERTO É PROMOVIDO DOIS ANOS DEPOIS DO ESPERADO

Humberto acabara de sair de uma reunião de acionistas, na qual seu nome como vice-presidente fora chancelado. Apertou a mão de duas ou três pessoas, que também deixavam o grande salão onde se dera a reunião, aceitou tapinhas nas costas de parabéns e pediu licença: precisava passar na controladoria, que ficava no corredor, na direção oposta à que eles caminhavam. Era mentira. Não tinha nada o que fazer na controladoria, que, por sinal, já estava fechada àquela hora. Humberto precisava urgentemente ficar só. Um tsunami de emoções girava dentro dele. "Yess! Vice-presidente financeiro!", deu um soco no ar. Aquela era uma conquista esperada e que fora muito bem planejada. Uma vitória da sua vontade e do intenso processo de transformação em que vinha se empenhando há muitos meses, com a ajuda de seu mentor.

Dois anos atrás, Humberto se recordava agora, ele caminhara por aquele mesmo corredor, no qual estavam retratos de antigos presidentes da organização, com um humor completamente diverso. Na ocasião, estava perplexo, revoltado e, principalmente, confuso por ter sido preterido na escolha para a vice-presidência. Ficou tão surpreso com a negativa que, em uma atitude que depois lhe pareceu exagerada, praticamente exigiu que Carlos Fernando, seu superior, lhe explicasse os motivos de não ter sido indicado. Carlos Fernando admirava suas qualidades profissionais e considerou que aquela era uma boa oportunidade para dar um empurrão na carreira de seu subordinado.

O superior de Humberto explicou-lhe as razões de ele não ter sido promovido. Sim, ele reconhecia que a equipe comandada pelo subordinado era boa e trouxera os resultados acordados, mas isso não bastava para torná-lo um bom vice-presidente. Era preciso estar à altura das novas demandas que o cargo impunha. "Você precisa acreditar na importância da gestão de pessoas, usar sua capacidade de relacionar-se", dizia seu chefe. "E tem de entender e de negociar levando em conta as características de seus interlocutores. Você sabe que muitas vezes é muito impulsivo e ansioso, não ouve e não deixa as pessoas se expressarem."

Se uma parte do cérebro de Humberto ouvia o que lhe era dito por Carlos Fernando, a outra se rebelava: "Poxa, que bela hora para levar uma dura do meu chefe, será que ele ainda vai longe?".

Sim, o chefe ainda tinha o que dizer: "Você já ouviu o que dizem na empresa, que você sempre quer ter a última palavra?". Bingo! Nesta ele bateu na ferida. Sim, Humberto já havia ouvido isso, mas sempre achara que isso era uma choradeira de quem perdia a discussão com ele. "Humberto, você terá de aprender a fazer política. Nesse nível executivo que você quer alcançar, estratégia e política são duas atribuições essenciais."

Humberto saiu da sala de Carlos Fernando caminhando pelo corredor vigiado pelas imagens dos ex-presidentes. Duas frases ditas pelo seu superior o impactaram: "Preste atenção em como você consegue esses resultados" e "Você ainda não sabe lidar com as questões políticas". O sentimento de que fora vítima de uma injustiça ainda girava em sua mente. "Mas eu entreguei os resultados", resmungava mentalmente. "Agora querem que eu faça política!", pensava Humberto, que tinha aversão a essa palavra. "Política é o fim, é sinônimo de manipulação, de manejos escusos de pessoas que se utilizam do seu charme e de interesses pessoais para se autopromover", pensava. Definitivamente, detestava esse tema.

Mas, passados dois dias, resolveu examinar a fundo o que lhe havia sido dito por seu chefe. Leu com atenção os *assessments*, buscou *feedback* de subordinados, pares e clientes e, finalmente, admitiu para si mesmo que precisava de ajuda especializada. Buscou um mentor, Oscar, um antigo vice-presidente da empresa que abrira uma empresa de consultoria em RH.

Nas conversas com Oscar, este chamou a atenção de Humberto sobre a frequência com que ele costumava usar os termos como "tem que", "deve ser", "está correto", "está errado". Humberto deu-se conta de que buscava em tudo a certeza de que as ações do dia a dia estavam sendo entendidas e feitas dentro dos padrões esperados. Isso até podia funcionar, mas tinha seus efeitos adversos, como mantê-lo engessado, sem conexão com seus desejos ou curiosidades, e mais: diminuía a sua criatividade e a capacidade de assumir riscos. Não era por acaso que ele tinha verdadeira ojeriza a temas filosóficos, existenciais ou espirituais que não pudessem ser traduzidos em uma prática imediata ou não se mostrassem úteis ao materialismo cotidiano.

Oscar lhe propôs uma dinâmica complementar ao mentoring. Durante cinco dias, Humberto faria uma imersão total em um programa no qual seriam tratadas as principais dimensões que compõem as pessoas. Uma jornada de autoconhecimento. Humberto relutou. Aquilo cheirava a psicologismo, esoterismo. Mas acabou por convencer-se. Afinal, ele não reconhecia que era rígido consigo e com os outros? Era hora, então, de experimentar algo diferente.

O primeiro exercício da jornada era conectar-se com o próprio corpo. Afinal, é o corpo que contém a energia, a habilidade de fazer, a capacidade de perceber, de sentir e de se expressar. Humberto percebeu que havia ali um potencial a ser explorado. O condutor do programa falou sobre como nosso corpo, em um estado expandido de sentidos, pode perceber oportunidades ou ameaças.

Nossa voz, ao se conectar com emoções, é capaz de expressar significados à fala de uma maneira muito mais precisa. Um exercício que mostrava isso era o de ler um mesmo texto expressando-se com medo, raiva ou alegria. A mensagem se transformava inteiramente, mesmo repetindo as mesmas palavras. Alguns exercícios, experimentados durante o treinamento e repetidos nos meses seguintes, iriam trazer claros avanços na forma de Humberto se posicionar e se fazer ouvir.

A outra dimensão tratava das crenças, ou seja, paradigmas de vida, conceitos e preconceitos, que regem nosso comportamento. Por terem sido apreendidas desde a infância, elas nos modelam e comandam sem que tenhamos plena consciência da sua força. As crenças podem ser grandes alavancadores ou freios poderosos diante do que queremos conquistar. Revisitar nossos conceitos e preconceitos para atualizar, reformar ou neutralizar esses comandos quebra a rigidez dos modelos mentais que estamos usando, o que representa uma transformação importante para o desabrochar da nossa criatividade.

Humberto também mergulhou fundo na compreensão da sua natureza emocional. Lidamos desde pequenos com as nossas emoções, dependendo da proibição ou da permissão recebida para expressá-las. As emoções autênticas são reconhecidas pela intensidade, duração e qualidade em relação ao estímulo que as provoca, afirmou o condutor do programa. Desaparecendo o estímulo gerador da emoção, nos sentimos aliviados pela resolução da tensão emocional que foi gerada. Quando isso não acontece e requentamos as emoções, esticamos seus efeitos, de modo que elas se tornam sentimentos irracionais, capazes de provocar reações psicossomáticas e outras inadequações físicas ou sociais.

Um tema novo tocou pontos aparentemente sem conexão com o dia a dia do trabalho de Humberto. Falava-se, então, da dimensão espiritual que todos temos em nossas vidas. De início, Humberto teve a impressão de que se tratava de um convite para falar de religião ou de esoterismo, mas não era o caso. Na verdade, passamos a vida discursando sobre amor, misericórdia, bondade, mas a maioria de nós não se recorda ou não viveu de maneira plena esses estados. Lidar com isso é tratar da nossa dimensão espiritual.

Para Humberto, tão avesso ao tema, foi uma experiência fortíssima entrar em contato consciente com essas manifestações dos estados superiores da sua identidade. Ele constatou quanto é difícil saber a serviço do que estamos, afinal, fazendo as coisas no cotidiano. Quero progredir para meu o próprio usufruto ou para o da família, da comunidade ou da humanidade? Não tem sentido fazer as coisas apenas para o próprio desfrute, pois estamos ligados aos outros de maneira íntima.

Humberto comentou com Oscar que aqueles cinco dias em que mergulhou em si mesmo, mais as sessões de mentoring e o desejo sincero de se transformar haviam feito dele outra pessoa. Mesmo ainda sentindo certa reserva à palavra, aquilo que era, afinal, fazer política. Reconhecer a contribuição dos outros, negociar pontos de vista, saber quando se calar, aceitar que a sugestão de outra pessoa pode ser melhor que a sua e ter claro seus compromissos imediatos e de longo prazo. Foi por esse caminho que chegou ao corredor que levava à vice-presidência.

De todo esse intenso processo, que durou dois anos, Humberto identificava com precisão o momento em que ocorrera o ponto de inflexão. Em vários momentos, no processo de mentoring, sentia que havia tido um *insight*, uma revelação de qual o melhor caminho a seguir em algum ponto determinado, mas angustiava-se e perguntava-se como poderia manter esse sentimento no dia a dia. Seu mentor, Oscar, lhe respondia: "Você duvida da capacidade do seu cérebro aprender?". Humberto: "Não, não duvido". E Oscar dizia: "A experiência ou o *insight* vivido há pouco não é um exercício que perde sua eficácia quando acaba. Eles já estão em seus sentidos, no seu cérebro, e dali você poderá acessá--los quando precisar".

História real
UM CAMPEÃO ENGANADO PELA CHEFIA

Pedro entrou na sala de trabalho da sua equipe com passos largos e um papel na mão. Parou no meio do cômodo e, com sua voz profunda de baixo, que sempre assustava e irritava Madalena, a secretária do setor, anunciou: "Caros colegas, parabéns! Ainda falta um mês para fechar o ano e nossas metas de vendas já foram atingidas! Nossa filial será a campeã!". Todos aplaudiram, gritaram *Uhúuu!*, jogaram papéis para cima. Até Madalena, já refeita do mau humor, comemorou. Mas Pedro levantou os braços, pedindo silêncio: "Mas não vamos relaxar ainda, pois a filial de Curitiba, que está na segunda posição, ainda pode realizar um esforço e nos passar. Os aplausos viraram gritos de guerra: "Eles não vão conseguir! A vitória é nossa!". Todos estavam felizes, se abraçavam e sorriam.

Assim que Pedro entrou de volta na sua sala, o telefone tocou. Era Mateus, o diretor da regional: "Pedro, preciso da sua ajuda e da sua equipe para fechar os números da regional, que ainda estão abaixo do esperado. Se alcançarmos as metas, verei alguma compensação para vocês". Pedro, como sempre fazia, concordou imediatamente com o chefe, mas começou a sentir aquela queimação no estômago que o torturava sempre que aceitava fazer algo com o qual não estava de acordo. No íntimo, ele sabia que corria o risco de fazer o seu grupo de vendas perder o foco e sobrecarregá-lo, já que eles vinham de um alto grau de esforço, atravessando horas e noites exaustivas.

De fato, a equipe não aceitou bem aquele arrocho. Estavam cansados. Mesmo a promessa de que haveria uma recompensa em dinheiro não os empolgou. Pedro passou três semanas ouvindo queixas, recebendo *feedbacks* negativos e cobranças dos mais próximos, por não estabelecer limites nem se impor à chefia. Madalena nem sequer lhe dava bom-dia. No final, Pedro conseguiu a superação da sua equipe. Recebeu um telefonema de Mateus, informando que a sua área havia sido de grande importância para os resultados finais. Sobre a recompensa, nada disse, nem lhe foi perguntado.

Passados dois meses do fechamento do ano, Pedro estava sentado em sua sala, sentindo o estômago em chamas. Sentia-se desconfortável e constrangido com a sua equipe, pois seu chefe não cumprira a promessa de premiá-la pelo bom resultado. O clima ficara pesado na área, mas, para Pedro, a angústia ia além da decepção por não receber o bônus prometido. Não só se sentia logrado, mas angustiava-se principalmente em imaginar que a sua fraqueza fora escancarada diante de todos. Seus subordinados cobravam uma resposta à promessa que ele lhes havia feito em nome de seu chefe. Insistiam para que ele colocasse o assunto em pauta, na reunião quinzenal na regional.

Afundado em sua poltrona, Pedro suspirava e reconhecia que não era a primeira vez que assumia um comportamento omisso em sua relação com a autoridade; já era um padrão. Ele, indisfarçavelmente, tinha muita dificuldade em se posicionar diante da chefia. Aos 46 anos, pai de dois filhos já adultos, Pedro era um profissional experiente, inspirador e querido por seus subordinados, mas considerava quase impossível discordar de alguma determinação superior, mesmo que sua experiência lhe dissesse que não seria eficaz. E isso vinha desgastando a sua imagem.

"Pedro, os líderes não te escutam"; "Você precisa aprender a dizer 'não'"; "Você e ótimo para entregar, porém tem problemas com atitudes"; "Pedro, escute bem, assim você não vai sair de onde está". Essas eram as frases que já tinha escutado de seus colegas e pares e que, agora, começavam a serem ditas também por seus subordinados. E suspirou novamente ao notar que Madalena mudara a posição da mesa, de modo a ficar de costas para ele.

Pedro levou o tema "dificuldade com autoridade" para o seu mentor, Lucas, que trabalhava na mesma empresa que ele. O assunto já fora abordado em sessões anteriores, mas agora exigia um esforço concentrado, e os dois começaram a trabalhar a questão. A cada sessão encerrada, Lucas lhe apresentava um conjunto de atividades que deveriam ser feitas, algumas sozinho, outras com os filhos ou com os amigos, e ainda com a sua equipe.

Eram exercícios que pretendiam fazer Pedro conhecer de maneira mais profunda o seu corpo, ampliando, com o auxílio de seus sentidos, a sua percepção física. A sua expressão verbal poderia ser desenvolvida por meio da leitura em voz alta ou do canto, de maneira a tomar consciência do poder da sua voz. O desenvolvimento da sua agressividade seria obtido pela prática de lutas marciais, algo que Pedro já havia feito durante alguns anos na sua juventude.

Para aprimorar a sua dimensão intelectual, Pedro, juntamente com seu mentor, esforçou-se para aprender a estruturar e gerenciar suas metas de longo prazo. Também se comprometeu a manter acordos e compromissos para sustentar as metas acordadas e, de grande importância, a interiorizar a necessidade de não mais reagir às demandas tendo em mente apenas a satisfação do outro. A partir de agora, ele só tomaria suas decisões depois de uma análise das possíveis consequências de seus atos, e se empenharia em fazer a sua opinião ser ouvida pela chefia. E não mais temeria dizer "não" quando fosse necessário.

Por fim, Pedro trocaria mais *feedback* de reforço com sua equipe e iria celebrar os resultados com os responsáveis pelos sucessos, além de apoiar e de pedir apoio, capitalizando para si e para os seus comandados os bons resultados que surgissem. Claro, uma mudança tão profunda assim não se faria da noite para o dia, mas Pedro aplicou-se e o fez de maneira decidida, tanto que convenceu a chefia a honrar o compromisso de recompensar a equipe pelos resultados que haviam conseguido, mesmo já se completando quase seis meses do fechamento do ano.

Sua equipe comemorou, como sempre ruidosamente, aquela vitória protelada. Mas o que mais deixou Pedro satisfeito foi constatar que seus comandados o olhavam de outra maneira, com mais respeito. No dia seguinte ao anúncio de que o bônus seria pago com o salário mensal, recebeu feliz, das mãos de Madalena, a primeira xícara de café que ela lhe servia em muitos meses, sem que ele pedisse. E com um biscoitinho de brinde.

Capítulo 9

CONSTRUIR UM PROJETO DE MENTORING

Há momentos na vida das empresas e de seus integrantes em que o mentoring pode ser a diferença entre o crescimento e a estagnação. Tomada a decisão de implantar essa dinâmica, há tarefas imprescindíveis para que ela tenha sucesso.

As vantagens que o mentoring traz para empresas e para as pessoas já foram explicadas nos capítulos anteriores deste livro. Mas, em que momentos, na vida dos indivíduos e das organizações, esse processo torna-se mais eficaz para transformar de maneira decisiva as suas trajetórias?

Pessoas jurídicas e físicas têm, em várias fases da vida, necessidades muito semelhantes, que vão muito além de ganhos materiais. As empresas precisam, entre outras coisas, reter seus bons profissionais para garantir seus resultados. Mas têm, também, necessidade de coisas, digamos, imateriais, como equipes motivadas e ávidas por inovar, estruturação da personalidade e da cultura empresariais, estabelecimento e aprofundamento de uma memória que garanta a perenidade de seu *know-how*...

Embora, à primeira vista, isso pareça atender a todos os nossos mais otimistas desejos sobre um bom lugar para trabalhar, a natureza humana nos faz achar que isso ainda não é suficiente. Internamente, temos anseios, inquietações, vocações, gostos, desgostos, paixões, carências, implicâncias e inclinações que compõem nossa dimensão emocional, a qual, quase sempre, tem a palavra final sobre o que decidimos ser, fazer, construir e desfazer.

É uma pulsão psicológica que deve ser seriamente levada em conta pelas empresas. E, entre todos os programas de desenvolvimento de pessoas, o mentoring é o único que possibilita trazer essas dimensões para um espaço de conversa, o que irá contribuir para a retenção dos profissionais, do seu desenvolvimento pleno e do desejo de dar o melhor de si no trabalho.

O conhecimento empresarial não está nos equipamentos, nos *softwares* ou na biblioteca da organização. A informação técnica, a história da empresa, os erros e acertos, os modelos de gestão e a cultura têm as pessoas como suas fiéis depositárias. Mesmo assim, quase sempre esse conhecimento é estático, fica apenas na cabeça de alguns e não circula entre todos os participantes. Nem sempre há uma inteligência ativa nas empresas, e estas raramente têm uma estrutura que facilite um processo de educação, seja vertical ou horizontal. De novo, o mentoring é capaz também de tratar dessas multidimensões do conhecimento, organizando-o e difundindo-o.

Ganhos para a organização

Para as empresas, várias necessidades podem ser atendidas pelo mentoring. Uma das suas aplicações surge quando se busca dar maior densidade à cultura corporativa. Essa necessidade é típica em empresas que estão entrando na meia-idade, período em que os empregados mais antigos, que acompanharam a evolução dos negócios e construíram a personalidade empresarial, estão se aproximando da época de se aposentar. Caso essa memória não seja absorvida pelas jovens cabeças que estão chegando, esse *know-how* estratégico será perdido, comprometendo a competitividade da empresa.

No momento em que uma organização se prepara para dar um salto qualitativo, que demandará o desenvolvimento de novas competências entre seus empregados de maior performance, o processo de mentoring é a melhor resposta para identificar potenciais com maior precisão, reter talentos, encorajar e apoiar aqueles mais arrojados e inovadores, facilitar mudanças organizacionais, ajudar as pessoas a se adaptarem a novas funções, etc.

Há inúmeras outras situações em que uma organização poderá contar com o mentoring para enfrentar, com grande chance de sucesso, outros desafios. A seguir, alguns exemplos:

- Facilitar processos de sucessão.
- Encorajar e apoiar as mulheres a assumir cargos e funções de importância estratégica dentro da organização, inclusive nos mais altos cargos de direção.
- Dar apoio e condições de desenvolvimento para aqueles que integram minorias étnicas ou que tenham necessidades específicas.

- Aumentar o nível de satisfação e garantir o bom clima de trabalho entre os empregados.
- Desenvolver o grau de confiança, respeito e confidencialidade entre seu pessoal.
- Criar um processo interno de desenvolvimento de pessoas com um custo muito menor do que aquele feito externamente pela empresa.
- Facilitar a compreensão da visão e da missão da organização.
- Incrementar a qualidade de entrega como resultado da maior competência e da autoconfiança dos empregados.
- Aumentar o espírito de equipe e a cooperação entre as pessoas.

GANHOS INDIVIDUAIS

Há diferentes razões que recomendam a alguém participar de um processo de mentoring na condição de mentorado. Nessa dinâmica, ele pode encontrar desde um ambiente seguro e confiável, no qual irá receber um *feedback* claro e honesto sobre o seu desempenho, até a presença de alguém disposto a ouvir suas ideias e projetos, além de opinar sobre a viabilidade e a excelência deles. Dificilmente um empregado irá encontrar, na organização em que trabalha, um colega mais experiente que esteja disposto a revelar-lhe o que é bem aceito e o que "pega mal" na cultura corporativa da empresa. No mentoring, esclarecer as nuances dessa cultura e ajudar o mentorado a se dar bem nesse contexto é um dos principais assuntos a serem tratados nas conversas.

Entre os resultados que esse processo traz para os mentorados, podemos citar o aumento da autoconfiança, da capacidade de assumir riscos e de atuar mesmo nos setores mais críticos da organização. Isso traz maior visibilidade profissional, faz surgir mais e melhores oportunidades diante do mentorado e o faz angariar prestígio junto aos seus pares e superiores.

A seguir, outros ganhos que os mentorados costumam relatar como consequência de terem se engajado em um programa de mentoring:

- Desenvolvimento da capacidade de aprender com os eventos e de analisar e refletir sobre eles.
- Melhor conhecimento profissional e organizacional.
- Capacidade de aceitar críticas, sem se sentir ofendido ou desanimado.
- Confiança e tranquilidade nos momentos de mudanças na organização.
- Mais autonomia, independência e maturidade.
- Velocidade no desenvolvimento profissional.

- Abertura de novos horizontes profissionais.
- Visão política e diplomática.
- Melhor relacionamento com seus pares.
- Ajuda para resolver problemas.

O PASSO A PASSO DO PROCESSO DE MENTORING

Uma das boas qualidades do processo de mentoring é quão pouco ele exige de investimento por parte da organização que decidir implementá-lo. Como a sua matéria-prima é o capital de conhecimento já instalado, ou seja, o conhecimento adquirido pelos empregados mais seniores, muitas vezes nos anos trabalhados na própria empresa, não há necessidade de despender recursos na contratação de consultorias externas.

Os bons resultados de um processo de mentoring, no entanto, serão alcançados se a dinâmica seguir alguns passos essenciais e contar com o compromisso firme não só dos mentores e mentorados envolvidos, como também com o endosso da direção da empresa e o esforço do pessoal responsável pelos Recursos Humanos da organização.

De uma maneira esquemática, são as seguintes as etapas necessárias para um bom processo de mentoring:

DEFINIR OS MENTORADOS

Detectados o desejo e a necessidade de implantar o mentoring, o RH deve designar alguém que será responsável pela consultoria interna que organizará o processo ou, na falta dessa pessoa, contratar um consultor externo que irá estruturar o processo. O primeiro passo será definir a população de mentorados que se beneficiará com a dinâmica. Embora o processo de mentoring beneficie igualmente mentores e mentorados, estes últimos têm a primazia e a responsabilidade em dar o ritmo e a condução do processo. O objetivo final será proporcionar os instrumentos para que esse grupo de mentorados dê um salto qualitativo em sua performance. A escolha dos mentorados dependerá, é claro, da necessidade da organização. Podem ser escolhidos aqueles empregados que precisem ampliar seus conhecimentos para serem capazes de tomar decisões mais rapidamente ou para se adequar a uma mudança de rumos da organização, ou mesmo alguém que enfrente um dilema de carreira... Enfim, há inúmeras possibilidade. O desafio nessa escolha, portanto, é identificar os mentorados cujo desenvolvimento atenderá a uma demanda estratégica da empresa. A participação dos mentorados no mentoring é quase sempre obrigatória.

DEFINIR OS MENTORES

Embora não haja nenhum impedimento em convocar um mentor para participar do processo, é recomendável que sua colaboração seja voluntária. O segundo passo é, portanto, identificar as pessoas que tenham o conhecimento das funções executivas e da cultura da organização. É importante que os candidatos a mentor tenham visibilidade na empresa e que sejam reconhecidos como exemplos a serem seguidos. É função do RH orientar e mobilizar esses personagens para assumir o processo educativo que é requerido pelo mentoring. Uma dessas orientações é propor que o futuro mentor reflita honestamente e com maturidade sobre a sua disposição em doar parte do seu tempo e da sua energia para compartilhar seus conhecimentos.

COMO SERÁ A DINÂMICA DO MENTORING

Tanto para a etapa de escolha de mentorados e de mentores quanto para essa, o RH poderá organizar encontros e debates internos, a fim de esclarecer a dinâmica de funcionamento e os compromissos que devem ser assumidos. Esse esforço de esclarecimento deve ser feito separadamente para mentores e mentorados, já que em alguns momentos os temas a serem tratados serão diferentes para cada grupo, mas ambos os grupos devem ser inteirados da metodologia a ser aplicada: como se administra o tempo, os objetivos, os ganhos possíveis e os papéis que cada um desempenha; como programar os encontros; como se preparar para esses encontros. A explicação da maneira como mentores e mentorados se conhecerão também será feita nessa fase, com os critérios determinados pelo RH. Cada um desses itens está sendo amplamente explicado neste livro.

DISCUTIR DETALHADAMENTE COMO SE DARÁ O PROCESSO

Nessa fase, em que a dinâmica do mentoring é explicada, um dos pontos que mais despertam a curiosidade dos futuros participantes é a forma de as partes se apresentarem, tanto antes da definição das duplas mentor/mentorado como no primeiro encontro. Detalhes como esses, e outros mais específicos, como a necessidade de se ter um caderno específico para anotar o que se conversa nas reuniões, os temas que poderão ser tratados, os locais físicos de reuniões mais apropriados, costumam provocar dúvidas e temores, que o RH pode ajudar a dirimir nessas reuniões. Um tema relevante é o desenvolvimento da maestria do mentor em se comunicar. Essa habilitação poderá ser obtida mediante exercícios e dinâmicas que o levem a aprender a conduzir com eficiência uma conversa que não seja crítica, mas exploratória, que trate de possibilidades e tenha intervenções construtivas, entre outros atributos. Em resumo, os mentores deverão ser apresentados a algumas técnicas de comunicação que serão necessárias em seus encontros com os mentorados.

REUNIÕES DE COMPARTILHAMENTO

Mesmo não sendo uma determinação gravada em pedra, as recomendações de que as reuniões entre mentor e mentorado sejam mensais e que o processo tenha a duração de um ano são fortemente aconselháveis, porque as organizações costumam trabalhar nesses intervalos de tempo para medir suas performances e determinar seus processos. Mas é de grande importância que, em intervalos menores, o RH promova reuniões de compartilhamento de experiências de mentores e, da mesma forma, de mentorados. Essas reuniões podem eventualmente contar com a presença do consultor interno, caso o processo de mentoring tenha sido iniciado dessa maneira, para avaliar o progresso do processo. É o momento de propor reflexões, que podem ser idênticas para mentores e mentorados, como: Qual é o conhecimento que o mentoring está agregando para você? Que tipo de habilidade você adquiriu graças a esse processo? Tem conseguido manter seus compromissos? Quais foram os maiores desafios enfrentados nessa dinâmica?

FECHAMENTO DA DINÂMICA

Depois que o processo de mentoring se estabelece, a partir da primeira reunião entre mentor e mentorado, a participação do RH só se dá, fora os encontros de compartilhamento, em casos pontuais. Um desses casos seria, por exemplo, a eventual decisão de um par, formado por mentor e mentorado, em descontinuar a dinâmica, o que pode ocorrer por uma das partes não estar cumprindo seus compromissos. Ao final dos 12 meses, no entanto, organiza-se o fechamento da dinâmica com *workshoppings* de balanço das atividades. Questionários e entrevistas detalhados podem ser feitos com os participantes, a fim de que a organização tenha um dossiê da experiência. Este momento é recomendável para a apresentação dos resultados à direção da organização.

CONVENCER OS ENVOLVIDOS

As organizações que poderão tirar maior proveito do processo de mentoring são, portanto, aquelas que compreendem a importância de preservar sua cultura; procuram descobrir e investir nos talentos que têm em casa e entendem a importância de manter um processo educacional ativo para todos os seus integrantes. Também se dão melhor nesse processo aquelas estruturadas em uma hierarquia não muito compartimentada e formal, já que a essência do mentoring é o diálogo vertical entre os integrantes mais experientes e os que contam com menos tempo na carreira.

Uma exigência para que a dinâmica de mentoring tenha sucesso é que a alta direção da organização acredite integralmente na sua utilidade e divulgue essa certeza de maneira clara e ampla para todos na empresa. Em seu livro *Mentoring managers in organisations*, o pesquisador inglês Christopher Conway sugere uma *checklist* com os pontos fundamentais a serem levados em conta para determinar o escopo e o alcance do programa de mentoring que se deseja implantar:

- Por que precisamos de um programa de mentoring?
- Quais são as metas a serem atingidas pelo programa?
- O que queremos alcançar?
- Temos certeza de que esse programa se afina com a nossa estrutura e os nossos valores?
- O processo de mentoring já vem acontecendo de maneira informal na organização?
- Em algum momento, já tentamos desenvolver um programa de mentoring na organização? Qual foi o resultado alcançado?
- Quem serão os mentores e os mentorados?
- Quem ficará à frente do processo?
- Podemos prever os obstáculos que poderão surgir? De que tipo seriam?
- Como será o processo de seleção dos mentores e dos mentorados?
- Quem vai selecioná-los?
- Quem deverá ser mentorado? Por quê?
- Precisamos traçar um perfil do mentor ideal?
- Teremos grupos de mentorados ou um mentoring individual?
- Quanto tempo irá durar o processo?
- Como será sua dinâmica?
- Quais metas traçaremos para eles?
- Como saberemos se essas metas foram atingidas?

- Que critérios serão seguidos para organizar as duplas de mentor e mentorado?
- Que recursos são necessários para organizar o programa?
- Temos esses recursos?
- Que tipo de instrução e de treinamento serão dados aos mentores?
- E aos mentorados?
- Haverá outros eventuais envolvidos nesse processo? Eles também serão treinados?
- Que tipo de suporte será dado aos mentores? Eles terão alguma recompensa por sua participação?
- Como e quando o programa de mentoring será acompanhado e avaliado? Quem se encarregará disso?

A experiência ensina que os programas bem-sucedidos costumam ser aqueles nos quais mentores e mentorados se oferecem voluntariamente para participar. Mas, não raro, a organização torna obrigatória a adesão dos escolhidos para serem mentorados, como os *trainees* da empresa, por exemplo. Também é recomendável, quando possível, que o mentorado possa escolher o mentor de sua preferência. Uma dupla em que haja empatia já tem meio caminho andado para o seu sucesso; portanto, quanto mais natural e informal for a formação dos pares, melhor.

Convém ressaltar que, até aqui, temos nos referido ao estabelecimento de um processo de mentoring no qual há várias pessoas envolvidas. Nos casos de mentoring individual, a dinâmica é mais simples, embora, também nesse caso, devam ser mantidos os mesmos compromissos, como a manutenção dos encontros com uma periodicidade determinada, a fixação de uma data para o término do processo, a manutenção do sigilo, a fixação e o cumprimento de metas e os demais acordos de mentoring.

Por ser uma prática ainda pouco difundida em nosso país, as pessoas têm pouco conhecimento sobre os seus benefícios, a sua dinâmica, as qualidades e o comportamento esperados do mentor e do mentorado ou, até mesmo, sobre o que deve ser conversado nos encontros. Esses temas, que foram tratados em capítulos anteriores, deverão ser explorados no lançamento do processo na organização. Textos de apoio e *workshops* são indicados para esclarecer dúvidas dos convidados a participar do programa.

Preparar uma apresentação básica sobre o mentoring, tanto para as pessoas da organização que estarão envolvidas diretamente no processo – mentores e mentorados – como para a diretoria, os potenciais participantes de programas futuros e os demais *stakeholders*, pode ser fundamental para conquistar o apoio necessário à iniciativa. Nas páginas a seguir, você encontrará um exemplo desse documento.

Mentoring, uma fábrica de líderes

A metodologia de mentoring é um excelente recurso para o desenvolvimento de líderes, a solidificação da cultura empresarial e os processos de sucessão.

Mentoring é uma ferramenta que as empresas usam para tornar as pessoas que nelas trabalham profissionais mais maduros, capazes de crescer e de se habilitar a assumir cargos em seus processos sucessórios, tornando-se, assim, os líderes que garantirão a perenidade da cultura empresarial.

O mentoring é uma parceria desenvolvida entre o mentor e o mentorado com vistas ao desenvolvimento mútuo, na qual os dois irão crescer profissional e pessoalmente. Nesse processo, são identificadas oportunidades de aprendizagem e lacunas no desenvolvimento profissional a serem exploradas.

Quem participa do processo de mentoring

De um lado, há o mentor – profissional experiente, com uma carreira já consolidada e que conhece bem a cultura da empresa. O mentor é voluntário, e sua motivação para participar desse processo é o desejo de dividir sua experiência de vida com profissionais com um grau menor de maturidade ou de experiência na corporação, os mentorados. Estes, por sua vez, devem estar dispostos a conhecer a dinâmica da empresa, a aprimorar suas qualidades profissionais e pessoais, e prontos para expressar suas dúvidas, necessidades e expectativas de uma maneira sincera e aberta às considerações do mentor.

O processo de mentoring, nessa configuração, demanda algumas fases de preparação dos envolvidos – incluindo-se os responsáveis pelo setor de RH da empresa – com o uso de materiais específicos, dinâmicas, documentações e orientações individuais ao profissional que esteja no início de sua carreira.

Quem pode ser mentor

O mentor, necessariamente, deve ser alguém disposto a dividir, de maneira generosa e organizada, sua experiência profissional. Não poderá ter uma relação hierárquica direta com o seu mentorado, como ser seu chefe direto, chefe do chefe direto ou líder da área em que o mentorado trabalha. Caso não seja tomado esse cuidado, a relação poderá se desvirtuar de sua meta inicial – propiciar o amadurecimento profissional do mentorado –, pois os próprios mentorados se sentiriam tentados a escolher um mentor que pudesse dar um "empurrãozinho" em sua carreira ou o mentor poderia perder a isenção para julgar a performance profissional de seu mentorado.

A estrutura do mentoring

O programa de mentoring é fundamentado na troca de experiências de uma maneira estruturada e controlada entre os participantes. É agendado com antecedência um número determinado de reuniões, que serão realizadas periodicamente. A duração dos encontros também é prefixada, e recomenda-se até mesmo prever a sequência com que os assuntos serão tratados nas reuniões. Os encontros devem ser realizados em horário de trabalho e, preferencialmente, no ambiente corporativo.

A formalização desse processo é importante, para deixar claro que o mentoring é uma relação de trabalho, com a qual o mentor e o mentorado têm um compromisso firmado, e não um bate-papo informal.

O contrato de mentoring

É fortemente aconselhável que mentor e mentorado assinem um contrato formal entre si, fixando algumas diretrizes para a dinâmica. Nesse documento, constarão a data de início e de fim do processo, em que dias acontecerão os encontros e qual a duração deles. O contrato também deve conter uma cláusula de grande importância: a de confidencialidade. Em obediência a essa cláusula, as partes se comprometem a não revelar, fora do ambiente das reuniões, qualquer conversa ou tema que tenha surgido nas reuniões de mentoring,. O rompimento desse compromisso cria automaticamente uma situação que justifica o fim do processo de mentoring.

Como funciona na prática

Em geral, o mentoring se estende por um ano, com reuniões mensais de duas horas de duração. As reuniões presenciais são muito mais ricas, mas, caso isso não seja possível, mentor e mentorado podem conversar por telefone, por e-mail, pelo Skype ou por qualquer outra mídia que permita a comunicação entre as partes.

O ritmo do processo e a escolha dos assuntos são determinados pelo mentorado. É ele, de fato, quem conduzirá o processo. De modo geral, cabe a ele escolher quem será o seu mentor, mas essa não é, no entanto, uma regra definitiva, pois o mentoring pode ser adaptado aos diferentes perfis empresariais.

A obrigatoriedade da avaliação

A avaliação dos ganhos alcançados pelo mentorado deve, sempre que possível, ser tema de conversa entre as partes do processo, com a percepção do que foi conquistado no trabalho de mentoring sendo debatida no âmbito da dupla mentor/mentorado. No entanto, essa avaliação pode ser compartilhada com outros participantes da organização em reuniões periódicas. São muito proveitosos os encontros de mentores com mentores e de mentorados com mentorados, nos quais os mentores relatam suas experiências, expõem suas dúvidas e ouvem sugestões, e os mentorados comentam seus avanços, estratégias e esforços.

De modo mais estruturado, o RH pode aferir, por meio de uma pesquisa de satisfação dos participantes, o impacto do mentoring na empresa. Em um nível ainda mais amplo, levantamentos de mudança no clima empresarial ou da performance da empresa serão, também, indicadores confiáveis das vantagens que o mentoring pode trazer para a organização.

A montagem do processo de mentoring

A estruturação do processo de mentoring exige algumas fases de preparação. Na primeira, a "fase de alinhamento", direção da empresa, RH e eventuais consultores que irão auxiliar a instalação do processo se alinham às necessidades da organização quanto ao desenvolvimento de pessoas.

Depois, na "fase de conhecimento", prepara-se um workshop, no qual os consultores explicarão os objetivos, as posturas e os passos necessários ao desenvolvimento do mentoring. Esses encontros devem ser feitos separadamente para os candidatos a mentores e a mentorados. Ainda nessa fase, mentores e mentorados são submetidos a dinâmicas, como círculos de convivência, e são elaboradas as diretrizes que, compiladas, constituirão o Guia do Mentor e do Mentorado.

Por fim, a "fase de execução" caracteriza-se pela escolha dos mentores pelos mentorados e o início do processo. A essa fase, seguem-se etapas de acompanhamento, nas quais eventuais consultores externos se reúnem com a coordenação da empresa para aferir os resultados alcançados.

Após serem escolhidos os candidatos a mentor e a mentorado que se envolverão no processo, estes poderão ser comunicados do convite por meio de mensagens curtas, que podem ser enviadas, por exemplo, por e-mail. Seguem-se dois exemplos de convites: um dirigido aos futuros mentores e outro, aos futuros mentorados.

APRESENTAÇÃO DO PROGRAMA DE MENTORING PARA FUTUROS MENTORES

Caro colaborador.

Nas próximas semanas você será apresentado a um programa de desenvolvimento de pessoas que será realizado aqui, em nossa organização.

Trata-se do Programa de Mentoring, uma metodologia que tem como objetivo acelerar o processo de amadurecimento profissional das pessoas.

O mentoring constitui-se de encontros entre um profissional mais experiente, o mentor, e outro com menos tempo de atuação, que é o mentorado. O objetivo é permitir que os dois troquem suas experiências e identifiquem competências que possam ser desenvolvidas.

Não é só o mentorado quem ganha no processo de mentoring. O mentor, além da oportunidade de legar a sua experiência às futuras gerações, também tem seu conhecimento diferenciado e seu prestígio profissional confirmados diante da organização.

Selecionamos os funcionários que se destacam pelo comprometimento com o trabalho para convidá-los a integrar o Programa de Mentoring. Você é uma dessas pessoas que, acreditamos, poderá tirar grande proveito desse processo como mentor e beneficiar, de maneira significativa, outro profissional da organização.

Em breve, daremos mais detalhes de como esse processo será realizado.

Esperamos que você se junte a nós nessa iniciativa.

APRESENTAÇÃO DO PROGRAMA DE MENTORING AOS FUTUROS MENTORADOS

Caro colaborador.

Nas próximas semanas você será apresentado a um programa de desenvolvimento profissional. Trata-se do Programa de Mentoring, uma metodologia que tem como objetivo acelerar o processo de amadurecimento profissional das pessoas.

O mentoring constitui-se de encontros entre um profissional mais experiente, o mentor, e outro com menos tempo de atuação, que é o mentorado. O objetivo é permitir que os dois troquem suas experiências e identifiquem competências que possam ser desenvolvidas.

Para o mentorado, esse processo traz a rara oportunidade de ter à sua disposição um profissional experiente, disposto a escutá-lo e com interesse sincero em seu sucesso profissional.

Selecionamos os funcionários que se destacam pelo comprometimento com o trabalho para convidá-los a integrar o Programa de Mentoring. Você é uma dessas pessoas que, acreditamos, poderá tirar grande proveito desse processo como mentorado.

Em breve, daremos mais detalhes de como esse processo será realizado.

Esperamos que você se junte a nós nessa iniciativa.

Conforme está mencionado no documento básico, que explica os objetivos e como será o desenrolar do programa de mentoring, a dinâmica poderá ser afinada e enriquecida com a realização de reuniões entre mentores e mentorados, separadamente, alguns meses depois do início do programa. Essas reuniões servirão para uma troca de experiências e para a exposição dos sucessos e dos desafios que os participantes estiverem experienciando.

Ao final, é altamente recomendável que se faça uma reunião de fechamento. Ela será significativa para os participantes, especialmente para os mentorados, por ser o marco inicial de uma relação com o trabalho que, a experiência vem mostrando, se dará em um patamar mais elevado do que aquele anterior às primeiras sessões. Para os responsáveis pelo RH, esse fechamento é uma grande oportunidade de medir os resultados e consolidar as experiências que tornarão a próxima rodada de mentoring na empresa mais eficaz e envolvente para os novos participantes.

Há organizações que, por terem uma estrutura dispersa, geograficamente falando, têm dificuldades em reunir todos os participantes. Em casos assim, esse fechamento poderá ser feito virtualmente, por meio de um documento a ser enviado aos participantes, como exemplificado a seguir.

ENCERRAMENTO VIRTUAL ENVIADO PARA O MENTOR

Caro mentor.

Chegamos ao fim de um importante processo de desenvolvimento de pessoas em nossa organização, no qual você participou no papel de mentor. Gostaríamos, portanto, de destacar que a sua participação foi de capital relevância por vários motivos.

Em primeiro lugar, por você ter dedicado seu tempo e sua generosa atenção neste último ano, o que certamente terá um impacto decisivo no crescimento profissional e de vida do seu mentorado. Uma convivência como essa, na qual alguém que esteja dando os primeiros passos na carreira encontra um profissional maduro, disposto a ouvi-lo e a incentivá-lo a crescer, é uma oportunidade que poucas vezes se repete na trajetória profissional de qualquer pessoa.

Estamos convictos de que esse programa proporcionou a você a possibilidade de entender melhor a maneira com que as novas gerações veem o mundo corporativo e de saber quais são os sonhos, as dúvidas e as certezas que elas trazem. O mentoring é um processo de mão dupla, no qual todos dão e recebem informações preciosas.

Por último, mas não menos importante, o seu envolvimento nessa dinâmica trouxe e trará ganhos para a nossa organização. À medida que, ao longo deste ano, acompanhamos o desenrolar desse processo, poderemos, graças à sua participação, aperfeiçoá-lo e torná-lo cada vez mais eficiente e útil para os demais profissionais que se envolverão nele futuramente.

Sua dedicação e o sincero envolvimento contribuirão para que sejamos uma organização cada vez mais eficaz, humana e capaz de construir um mundo melhor.

Obrigado por sua participação,
Departamento de Recursos Humanos

ENCERRAMENTO VIRTUAL ENVIADO PARA O MENTORADO

Caro mentorado.

Chegamos ao fim de um importante processo de desenvolvimento de pessoas em nossa organização. Gostaríamos de destacar que a sua participação neste Processo de Mentoring que agora se encerra foi de grande importância, por vários motivos.

Em primeiro lugar, por você ter acreditado que valia a pena dedicar seu tempo, sua energia e sua atenção a essa dinâmica. Temos certeza de que você já deve estar percebendo o impacto positivo que suas conversas com o seu mentor trazem para o seu crescimento profissional e de vida. Encontrar alguém maduro, experiente e disposto a ouvi-lo e a incentivá-lo a crescer, como é o seu mentor, é uma rara oportunidade em qualquer momento da sua trajetória profissional.

E, o melhor, esse é um processo que não tem fim. As reflexões, as experiências e as novas estratégias que certamente surgiram desses encontros passarão, agora, a fazer parte de seu repertório. Você irá lembrar-se e fazer uso do que acumulou em muitas oportunidades no futuro. Isso é seu, ninguém nunca poderá tirar de você.

Esse programa, acreditamos, permitiu-lhe, ainda, construir um entendimento mais aprofundado sobre a nossa cultura organizacional, compreender os nossos valores e vislumbrar as competências mais valorizadas e, a partir desse entendimento, saber o que você precisa aperfeiçoar. O mentoring é um processo de mão dupla, no qual os dois participantes recebem informações preciosas; por esse motivo, tenha certeza de que você também contribuiu muito para o crescimento de seu mentor.

Por último, mas não menos importante, o seu envolvimento nessa dinâmica trouxe e trará ganhos para a nossa organização. Ao longo deste *ano, nós, do Recursos Humanos, que acompanhamos o desenrolar desse processo, poderemos, graças à sua participação, aperfeiçoá-lo e torná-lo cada vez mais eficiente e útil para os demais profissionais que participarão do mentoring futuramente.*

Sua dedicação e sincero envolvimento contribuirão para que sejamos uma organização cada vez mais eficaz, humana e capaz de construir um mundo melhor.

Obrigado por sua participação,
Departamento de Recursos Humanos

História real
MÁRIO DESMAIA NA SALA

"Temos quatro dias para entregar os planos, e vocês ainda não fizeram o levantamento na área de TI!", gritava Mário, cheio de raiva. "Não sei por que ainda mantenho vocês aqui!". A equipe se encolhia, ouvindo calada mais um destempero do chefe da controladoria. Era o segundo naquele dia, e estava cada vez pior. Não dava para argumentar, trocar ideias ou sugerir novas abordagens com Mário para os problemas que surgiam. Nas conversas de corredor, todos se queixavam, e alguns falavam em se demitir.

Na hora do almoço, quando anteriormente todos costumavam se sentar juntos em uma das mesas no enorme restaurante da empresa, a equipe parecia estar sem comer há semanas. Todos saíam quase correndo para evitar ficar para trás e ter de compartilhar a refeição com aquele Mário soturno, de ar insatisfeito.

O clima estava, de fato, muito ruim. Cada um se defendia como podia, mas os resultados não saíam, tornando ainda mais tensa aquela sensação de quase histeria coletiva. Ninguém, nem mesmo os mais antigos, que conheciam o chefe há bastante tempo, ousavam dar a ele um *feedback* sobre o seu comportamento. Quem acabou fazendo isso foi o próprio corpo de Mário: quando saía da sala com o rosto vermelho, parecendo que ia protagonizar mais uma explosão, sua pressão subiu e as pernas dobraram em um patético princípio de desmaio; só não caiu porque os que estavam mais próximo correram para ampará-lo.

Levado com urgência para o médico, foi constatado um nível de estresse elevado. O risco de ter uma síncope a qualquer momento era real. "Precisa descansar, afastar-se do trabalho, tirar férias", determinou o médico. Mário ainda tentou argumentar. Falou da importância daquele trabalho e do risco de não entregá-lo a tempo, disse que sua equipe era incapaz de fazer o que era necessário, insistiu que se ele não estivesse lá, nada daria certo e, por fim, lembrou-se dos vários relatórios e documentos que ainda precisavam ser feitos. O médico, então, disse-lhe que, se voltasse para o trabalho naquele momento, a primeira coisa que deveria fazer era sentar-se diante do computador e escrever o seu testamento. E havia uma possibilidade de que aquele fosse o último documento que produziria. Mário entendeu, finalmente, a gravidade do seu caso e teve de se render à sua condição física.

Durante as duas semanas seguintes em que esteve fora do trabalho, submetendo-se a várias avaliações de saúde e a consultas médicas, pensou muito sobre seu momento de carreira. Sentindo-se um pouco mais relaxado, conversou com Tarsila, sua mentora, que lhe propôs algumas questões, que aprofundaram ainda mais suas reflexões: "Diga-me, Mário, qual é o significado para você de tanta dedicação e esforço?"; "Você acha que pode conseguir os mesmos resultados de outra maneira?"; "E o que você precisa para isso?"; "O custo que você paga para crescer é justo?"; "Por quanto tempo você consegue suportar essa pressão?"; "Será que você precisa fazer tudo sozinho, ou do seu jeito, para que as coisas funcionem no departamento?".

Tendo estes questionamentos como ponto de partida, Mário conseguiu refletir sobre a necessidade de aprender formas de controlar seu lado emocional e, principalmente, a maneira de tratar suas expectativas junto a seus subordinados. E não ficou só nisso. Seguindo as recomendações de Tarsila, passou a tratar do seu corpo com maior consciência de bem-estar e também alterou sua rotina de sono e adotou algumas atividades de lazer, que há muito não faziam mais parte da sua vida.

Quando voltou finalmente ao trabalho, passou a tratar seus subordinados de outra maneira. Além de dedicar mais tempo a reuniões com eles, nas quais escutava suas propostas e outras soluções, esforçou-se para torná-las mais rápidas e focadas, contratando ações para realizar melhor o que vinham fazendo. E foi, ainda, um grande exercício de humildade aceitar que, mesmo no período em que esteve de licença médica, os prazos da controladoria foram cumpridos e o trabalho desenvolveu-se a contento. Ninguém é insubstituível.

História real
MÁRCIA FICA NO MEIO DE UM TIROTEIO POLÍTICO

Márcia estava linda naquela manhã. Um terno bem talhado, cabelos longos soltos, sorriso aberto e muita vitalidade no olhar e nos gestos. Entrou na sala de Inês, sua mentora, com o entusiasmo e a alegria de quem acabou de sair de uma pista de dança. "Tenho uma boa notícia! Estou muito feliz!", dizia para Inês, enquanto a abraçava calorosamente. "Sou a nova diretora de RH da organização; fui indicada hoje de manhã para essa posição." Márcia se emocionava: "Nossa! Batalhei tanto para alcançar essa posição!".

"Que bom, parabéns pela sua conquista! Como você se sente?", perguntou a mentora. "Eu me sinto muito bem, segura e otimista com o meu futuro e com o da empresa, muitas das funções que agora serão da minha alçada, eu já vinha executando; a única coisa difícil para mim é a minha chefe. Sei que, no processo de escolha, eu não era a opção dela." De fato, Leonor, a irascível chefe de Márcia, sempre frequentava, de maneira amarga, as conversas de mentoring entre as duas.

Márcia se orgulhava da sua formação – além da graduação em psicologia, pós-graduação e MBA em administração – e da experiência de dez anos à frente do RH de uma instituição financeira que fizera várias fusões, demandando recolocações e treinamento de funcionários. Mas se sentira quase desqualificada pela sua chefe direta, Leonor, praticamente desde o primeiro contato que tiveram.

Já na segunda reunião, Leonor entregou para Márcia, de maneira seca e mal-humorada, o novo organograma da empresa. Para a surpresa de Márcia, era uma proposta de redução de 30% do quadro de funcionários. "Eu quero acompanhar esta mudança", disse, olhando com frieza para a subordinada. Não era o estudo de uma proposta de redução da folha de pagamento o que a direção da empresa havia pedido ao RH, e na qual Márcia vinha trabalhando. Leonor não estava sugerindo nada; apresentava, sem margem de discussão, um percentual de cortes já decidido e determinado. E mais: entregou um maço de papel impresso com pequenos adesivos vermelhos ao lado do nome dos funcionários que deveriam ser dispensados.

Aquela foi a primeira de uma série de diferenças que surgiriam entre as duas. Uma delas, mais recentemente, chegou ao nível da desqualificação pessoal. No Natal, como é de praxe entre bons líderes,

Leonor convidava os gestores da área para um jantar em sua casa. Naquele ano, ela os convidou no fim de uma reunião, e quando todos se preparavam para sair da sala, completou o convite com um recado: "Pessoal, o convite é para casais formais; não é extensivo a acompanhantes eventuais, escutou, Márcia?". Os presentes, apenas homens, com exceção das duas, riram, e Márcia ficou rubra. Leonor sabia que ela não era casada, mas tinha um relacionamento há quatro anos, e aquele comentário fora uma enorme grosseria. No dia seguinte, mais uma estocada: por *e-mail*, Leonor perguntou se Márcia já se decidira com qual dos acompanhantes iria ao jantar.

"Ela está querendo me ferir", comentou Márcia com sua mentora. E concluiu: "Mas eu decidi que não vou brigar; esse é o início de um jogo político que tenho de aprender a jogar. Faz parte desse universo novo em que acabei de chegar". Inês estava de acordo com essa atitude: "Fique atenta e trate de olhar para ela e para os acontecimentos com neutralidade, faça proposições e muitas perguntas para construir cenários e possibilidades, e preocupe-se em tratar exclusivamente de assuntos de trabalho".

Quando da promoção de Márcia, que a colocaria fora da chefia direta de Leonor, esta teve uma atitude desconcertante. Membros do Comitê de Pessoas contaram a Márcia que a sua promoção já estava decidida havia pelo menos uma semana, mas que Leonor segurou a notícia, demorando mais dois dias para anunciá-la formalmente a Márcia e aos demais integrantes da área. Claramente, sua chefe estava lhe propondo um tipo de relação nada produtiva, para não dizer abusiva.

Em suas conversas com Inês, Márcia especulava sobre os motivos que poderiam ter levado Leonor a lhe ter tamanha antipatia. Entre as várias hipóteses estava a dificuldade de Leonor com o diretor de mercado internacional, homem de ampla e consistente experiência e que gostava muito de Márcia, considerando-a sua pupila. Não havia dúvida de que a tinha ajudado na carreira e que fora responsável pelas duas promoções que ela tivera nos últimos quatro anos. Hoje, o contexto interno reconhecia Márcia como um membro fiel do grupo deste diretor, que fazia oposição ao grupo com o qual Leonor se alinhava.

Esse alinhamento com uma das forças políticas internas da empresa, cada vez mais difícil de evitar, deixava um sabor agridoce na boca de Márcia. Por um lado, se sentia protegida e validada, mas também carregava o ônus de, ao tê-lo como um mentor informal, sentir-se diminuída em sua autonomia e capacidade profissional diante de seus colegas.

Sua mentora concordava com essa análise, mas arriscava outra tese: "Será que não existe uma competição entre vocês, duas mulheres de personalidade forte, crescendo profissionalmente na mesma área e com a mesma velocidade em um ambiente tipicamente masculino, no qual, inconscientemente, vocês duas buscam reconhecimento?".

Essa hipótese, por algum motivo não explicitado, deixou Márcia muito incomodada. Ela respondeu de maneira enfática e até grosseira, chegando a mandar sua interlocutora "calar a boca!", o que foi uma reação surpreendente para a quase sempre polida e sorridente Márcia.

Inês, de fato, calou-se diante da reação intempestiva e, nos minutos seguintes, em que o constrangimento as deixou caladas, tentou adivinhar porque falar em disputas femininas pareceu reavivar emoções mal curadas em sua mentorada. Lembrou-se de que, certa vez, em uma das sessões, Márcia falara superficialmente, mas emocionada, sobre o clima de disputas com a sua mãe e sobre o pai, que era infiel e acabou por abandoná-las, mas a conversa não evoluiu e o assunto não veio mais à tona, principalmente porque ali não era fórum para aprofundar-se nesses assuntos e porque Inês tampouco era psicóloga, podendo, no máximo, recomendar a Márcia que procurasse uma ajuda profissional. Prosseguindo em suas investigações mentais, Inês ainda se deu licença para especular um pouco mais. "Talvez isso tenha alguma relação com o fato de Márcia ter dificuldade em se livrar da tutela do diretor de mercado internacional ou se sentir intimidada diante da sua chefe direta", pensou, mas logo se recriminou pelo que lhe parecia ser "psicologia barata". A verdade é que Márcia era gentil com todos, mas eventualmente perdia a compostura, falava rispidamente ou elevava a voz, surpreendendo as pessoas e deixando-as desconcertadas.

O mal-estar entre as duas começava a se dissipar. Márcia sorria e voltava a falar: "Estou pronta, não tenho problemas, sei o que eu quero e vou dar certo".

A sessão chegava ao fim. Márcia despediu-se da mentora com um abraço. "Eu estou muito satisfeita com o nosso *mentoring*, e não só por estar percebendo que estou progredindo na minha carreira, mas também porque me sinto mais aberta para analisar todas as situações e capaz de prever os desdobramentos e impactos antes de tomar decisões. Sinto que me afastar do comando direto da Leonor me dará liberdade para pensar e superar travas que estão comigo há muito tempo, talvez desde a minha infância. Conhecer de maneira mais profunda minhas habilidades e dificuldades, o que conquistei aqui no mentoring, também me dará forças para lutar a fim de ter mais autonomia e depender emocionalmente cada vez menos de outros, deixando de ficar sempre em busca de aprovação. Obrigada, minha mentora, minha amiga."

Inês, já sozinha novamente na sala, permitiu-se um momento de autocondescendência: "Poxa, parece que eu, como psicóloga, não sou tão 'barata' assim". E sorriu para si mesma.

Capítulo 10

A IMPLANTAÇÃO DO MENTORING DE FORMA ESQUEMÁTICA

A dinâmica do mentoring pode ser dividida em oito etapas e ter os passos necessários detalhados para tornar mais fácil ao RH e aos demais setores envolvidos na empresa fazerem o fluxograma do desenvolvimento do programa. Alinhar com a empresa mesmo detalhes que parecem óbvios, como providenciar um *datashow*, um *flipchart* ou a reserva de uma sala para realizar os *workshops*, pode ser a diferença para garantir um processo de mentoring eficaz.

Como já foi dito, o processo de mentoring tem a duração usual de um ano, com reuniões mensais e acompanhamento mensal e trimestral pela coordenadoria do processo e, nos casos em que a dinâmica é contratada de uma firma externa, pela própria empresa.

As etapas variam de acordo com as necessidades da organização ou a disponibilidade do RH. A divisão clássica do processo consiste de oito etapas:

1. Alinhamento.
2. Sensibilização.
3. Preparação do *workshop*.
4. Capacitação para mentores.
5. Preparação dos mentorados.
6. Execução.
7. Compartilhamento.
8. Conclusão.

1. **ALINHAMENTO — *Definição dos objetivos e dos resultados esperados***

   Ações necessárias para o início do projeto:

   - Definição e validação dos objetivos, etapas, prazos e responsabilidades do projeto.
   - Definição do processo de comunicação aos participantes e apresentação da consultoria.
   - Definição dos resultados esperados com o programa.

2. **SENSIBILIZAÇÃO — *Palestra para mentores e mentorados***

   - Esclarecimento do papel de cada participante do processo.
   - Enfatização da importância da relação entre mentor e mentorado.
   - Enfatização dos benefícios do programa para o desenvolvimento pessoal e profissional.

3. **PREPARAÇÃO DO WORKSHOP**

   - Elaboração do material de acordo com os objetivos contratados.
   - Envio do material de pré-*work* para os participantes do projeto.
   - Confecção das apostilas e do material de apresentação.

4. **CAPACITAÇÃO PARA MENTORES**

   ### *Metodologia*

   - Pré-*work*
     - Exposições orais.
     - Análises e debates.
     - Exercícios em grupo e em duplas.
     - Vivências dramatizadas.
     - Jogos e simulações.

   ### *Conteúdo*

   - Conceitos de mentoring
     - Benefícios.
     - Papéis.
     - Diferenças entre *coaching, mentoring* e *counselling*.

- Maestria pessoal do mentor
  - Habilidades interpessoais (ouvir, compreender e perceber); capacidade de se comunicar, influenciar e persuadir (habilidades afetivas e emocionais); habilidade de oferecer suporte e orientação para a obtenção de resultados.

- Relação mentor *versus* mentorado
  - Análise de problemas e estabelecimento de objetivos; aplicação e acompanhamento de soluções; confrontação de intenções, comportamentos e evidências de progresso.

- Processo de mentoring
  - Conhecimento e acordo quanto a expectativas; estabelecimento de objetivos e contratos; preparação e condução de reuniões; apresentação de instrumentos e recursos para o desenvolvimento; formulação de cronogramas de trabalho; acompanhamento e relato de avanços.

- Avaliação e acompanhamento
  - Avaliação e acompanhamento do programa e dos profissionais nas relações entre mentor e mentorado.

Recursos

- Local de realização.
- Computador e *datashow*.
- Equipamento de som.
- *Flipchart*.

Resultados esperados

- Entendimento dos conceitos do mentoring.
- Comprometimento com o valor do mentoring.
- Preparo para exercerem seus papéis, tendo identificado os recursos próprios e as necessidades do programa de mentoring.

5. WORKSHOP DE PREPARAÇÃO PARA MENTORADOS

Metodologia

- Pré-*work*
    - Exposições orais.
    - Análises e debates.
    - Exercícios em grupo e em duplas.
    - Vivências dramatizadas.
    - Jogos e simulações.

Conteúdo

- Conceitos de mentoring
    - Benefícios.
    - Papéis.
    - Diferenças entre *coaching*, mentoring e *counselling*.

- Objetivos e aplicações na carreira
    - Habilidades nos temas do mentoring para aceleração da carreira: perfil, performance, motivadores, *know-how* e maturidade decisional.
    - Conceitos e aplicações na gestão de carreira.

- Relação mentor *versus* mentorado
    - Análise de problemas e estabelecimento de objetivos; aplicação e acompanhamento de soluções; confronto de intenções, de comportamentos e de evidências de progresso.

- Processo de mentoring
    - Conhecimento e acordo quanto às expectativas; estabelecimento de objetivos e contratos; preparação e condução das reuniões; apresentação de instrumentos e recursos para o desenvolvimento; formulação de cronogramas de trabalho; acompanhamento e relato de avanços.

- Avaliação e acompanhamento
    - Avaliação e acompanhamento do programa e dos profissionais nas relações entre mentor e mentorado.

Recursos

- Local de realização.
- Computador e *datashow*.
- Equipamento de som.
- *Flipchart*.

Resultados esperados

- Entendimento dos conceitos do mentoring.
- Comprometimento com o valor do mentoring.
- Preparo para exercerem seus papéis, tendo identificado os recursos próprios e as necessidades do programa de mentoring.

6. EXECUÇÃO — *Troca de conhecimentos e de aprendizado (permitir aprender o que não sabe) por meio de* workshops

- Promoção de um compartilhamento com o objetivo de fortalecer a cultura do mentoring.
- Acompanhamento da prática do mentoring em andamento, com o objetivo de fortalecer conceitos, vínculos, busca de soluções e de necessidades.
- Oferecimento de oportunidade para a experimentação de competências, por meio de uma abordagem prática, objetiva e dinâmica.
- Fortalecimento dos mentorados para a prática do *feedback*.

7. COMPARTILHAMENTO — *Balanço da relação, dos ganhos, dos resultados das ações implementadas e redefinições por meio de* workshops

- Promoção de um compartilhamento com o objetivo de fortalecer *a cultura de mentoring*.
- Acompanhamento da prática do mentoring em andamento, com o objetivo de fortalecer conceitos, vínculos, busca de soluções e de necessidades.
- Oferecimento de oportunidade para a experimentação de competências, por meio de uma abordagem prática, objetiva e dinâmica.
- Fortalecimento dos mentorados para a prática do *feedback*.

8. ENCERRAMENTO PARA MENTORES E MENTORADOS – *Fim do processo, desvinculação*

- Resgate de toda a jornada vivenciada, com a avaliação do que foi aprendido, aplicado, aprofundado e apresentado no dia a dia.
- Compartilhamento das experiências vividas.
- Avaliação da dinâmica do mentoring.
- Promoção do *feedback* de fechamento.
- Levantamento de sugestões para novos programas.
- Identificação dos indicadores de sucesso.

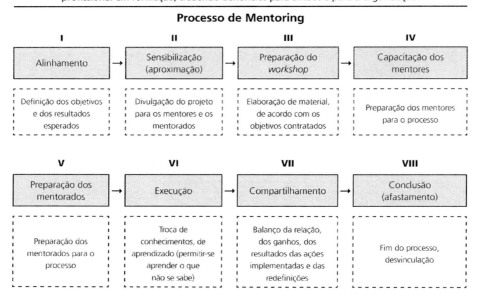

Mentoring – Estratégia de aplicação do programa
Parceria para resultados de vida e carreira entre um líder experiente e um profissional em formação, trazendo benefícios para ambos e para a organização.

Frequência de reunião: mensal
Acompanhamento: mensal e trimestral, pela coordenação e pelo *Business Partner*

História real
DIRETORES À BEIRA DE UM ATAQUE DE NERVOS

Gladys estava sentada em sua sala com uma pilha de papéis sobre a mesa. Olhava para a porta, à espera de Larissa, diretora de RH da organização, sua mentorada. Eram 18h40, e ela estava dez minutos atrasada. Gladys pensava no que poderia ter acontecido; afinal, as duas trabalhavam na mesma organização, com apenas dois andares as separando! Não era tão longe assim.

Em geral, Larissa chegava esbaforida, carregando papéis e bolsa a tiracolo, com o celular na mão, e cumprimentava Gladys com entusiasmo afetado e dois beijinhos no rosto, o que era sempre motivo de piada entre elas, já que Gladys, paulistana, cumprimentava com apenas um beijo, e Larissa, carioca, o fazia com dois. Mas, desta vez, Larissa chegou tensa e agitada. Deu um beijo só, e sem piadas.

Enquanto ela puxava a cadeira para se sentar, Júlio empurrou a porta com força e foi entrando, sem pedir licença e sem cumprimentar ninguém. Homem maduro, carrancudo e malcuidado na forma de se vestir, deixava transparecer, pelo desarranjo dos cabelos e pela gravata torta, a irritação e o cansaço de um dia exaustivo de trabalho. A imaginação de Gladys voou: estivera ele perseguindo Larissa pelos corredores e ela, fugindo dele?

Gladys chegaria a rir do próprio pensamento, não fosse o vozeirão de Júlio dirigindo-se diretamente à diretora de RH: "Estou dizendo que não concordo com a sua decisão quanto à transferência para essa nova posição; o cargo é para um operador e não para um técnico. Agora essa pessoa terá de apertar botões e não de controlar processos. E você sabe de quem estou falando".

Dito isso, Júlio e sua gravata torta saíram sem nem ao menos bater a porta, o que daria mais dramaticidade à cena. Em nenhum momento ele se dirigiu a Gladys, a dona da sala. Nem oi, nem tchau. As duas mulheres também não disseram nenhuma palavra durante aquela tempestade relâmpago, que surgiu e desapareceu em menos de 20 segundos.

Larissa não estava assustada nem raivosa. "Que cansaço", suspirou. "Estou chegando a um ponto insustentável; venho tentando pontuar questões delicadas para esse grupo de homens com quem convivo, falo de sentimentos, de emoções e de necessidades humanas, mas parece que nada disso faz parte do repertório masculino desses diretores." E, voltando-se para a mentora: "Você viu a forma como ele se dirigiu a mim? O que você acha?". Mas ela mesma respondeu: "Não há nenhuma possibilidade de conseguir que eles levem em conta os temas que são importantes para o RH, não sei como agir para fazê-los entender".

Júlio não dissera o nome da tal pessoa que havia sido transferida, e a diretora também não falara nada sobre a questão que estava ali, subentendida. Mas, por conversas nas sessões anteriores do mentoring, Gladys sabia que se tratava de Igor, protegido de Júlio, que nos últimos tempos se tornara o centro de uma batalha que ficava cada vez mais acirrada entre ele e Larissa. Gladys gostaria de tocar no assunto diretamente, de destrinchar a trama e colocá-la em uma dimensão mais racional, na qual se pudesse discutir de modo menos emocional as possíveis atitudes a se tomar.

Antes que a mentora conseguisse dizer qualquer coisa, Larissa voltou a falar; fazendo um muxoxo, disse em tom irônico: "Homens....". Mas, imediatamente, sua voz ficou chorosa e ela completou: "Não sei o motivo, mas a cada dia que nos encontramos eu passo por algum problema. Fico exausta. Meu dia hoje foi terrível, não sei se a nossa conversa hoje vai render. Além disso, estou com dificuldades no meu casamento e...". E Larissa se estendia dizendo como era vítima de situações injustas e de pressões.

Tudo começara quando Júlio, diretor de suprimentos, encaminhou Igor, filho de um amigo, ao RH da organização. Foi-lhe designada uma posição, mas logo o responsável pela área reclamou da ineficiência do rapaz. Larisa, sabendo que Igor era indicado por Júlio, transferiu-o para outro setor, em uma posição menos qualificada, mas também ali o jovem não teve um bom desempenho. A tensão entre ela e Júlio começou a atingir um nível alto. Pela segunda vez, Larissa providenciou nova colocação para Igor, e foi quando o diretor de suprimentos entrou na sala de Gladys com os cabelos desalinhados e a gravata fora de prumo.

O "caso Igor", como os outros empregados começaram a chamar jocosamente o imbróglio, inclusive dando ênfase à palavra "caso", saboreando o duplo sentido da palavra, fez com que Larissa e Júlio trocassem acusações mútuas, querendo nomear responsáveis pela situação embaraçosa.

"Acontece de não falarmos as coisas claramente no momento certo, com isso, deixamos que as situações se tornem tensas e escapem do nosso controle", disse Gladys. "Estabelece-se um processo de manipulação sutil, algo comum sempre que duas pessoas se encontram, na esfera privada ou na institucional."

"O fato é que o diretor trouxe uma pessoa que tem um mau desempenho", disse a mentora. "Você o mudou de posto, o que, de alguma maneira, traz desprestígio para Júlio, que o recomendou. Este não consegue admitir claramente que Igor é incompetente e transforma o próprio embaraço em queixas contra o RH. Você, por seu lado, também não diz objetivamente que o empregado é despreparado e empurra o problema com a barriga, transferindo-o de um lugar para outro, de uma maneira que acaba por ser humilhante. Em vez de discutir abertamente a questão com Júlio, prefere generalizar, dizendo que os homens não entendem 'questões delicadas do relacionamento humano'."

E a mentora continuou: "Você diz que essa situação se repete, mas é preciso separar o que é fato do que a imaginação cria, em geral em nosso favor. Como você se sente quando sabe que ficará, assim, exposta diante dos outros empregados? Como é para você ser julgada e criticada?". Larissa lhe respondeu que, naturalmente, se incomoda com a exposição desagradável e que se sente desconfortável quando a julgam, "mas sei que as críticas são necessárias para me permitir crescer", concluiu.

"Você busca *feedback* dos colegas? Diz aos demais como suas ações têm impacto sobre você?", perguntou a mentora. A diretora de RH reconheceu que o embate instalado entre ela e Júlio era inútil e uma mostra clara de que não se estabelecera entre os dois um diálogo aberto sobre a maneira de conduzir o caso. "Será que, afinal, não me sintonizei com as necessidades dele nem expus as minhas? Abrir esse canal, essa conexão, é a única maneira de criarmos um relacionamento em que todos progridam."

Larissa sabia que o próximo passo a levaria para um território movediço. Como Júlio reagiria a uma tentativa de entendimento? Mas ela teria de correr o risco. Era necessário que ambos sentassem, um de frente para o outro, e colocassem suas questões. O desgaste já havia chegado a um ponto que talvez fosse o caso de sugerir que os dois preparassem por escrito as perguntas que achavam relevantes fazer um ao outro. "Mas será que aquele troglodita...", Larissa deletou mentalmente o resto do comentário; chamar Júlio de troglodita não iria criar um estado mental receptivo ao entendimento que iria propor.

Sim, correria o risco de tomar a iniciativa. Respirou fundo e escreveu um *e-mail*. "O que podemos fazer para sair desse impasse? Será que não podemos adotar alguns comportamentos mínimos, como dizer e responder 'bom-dia'? Talvez até tomar café na sala um do outro? Quando formos tratar de alguma questão de trabalho, poderíamos antes trocar um *briefing* sobre a pauta da reunião? E que tal colocar as perguntas e impasses no papel para facilitar a discussão?". O *e-mail* ficou longo, mas Larissa decidiu nem relê-lo, para não se arrepender de algo que estivesse escrito. Clicou no "*send*". Será que deveria ter mandado o *e-mail* antes para a mentora dar algum palpite?

Duas horas depois, nada de resposta. Larissa já pensava em outros assuntos quando viu, pelo corredor, que Júlio vinha em direção à sua sala. Caminhava pesadão. Não percebia que Clarisse o via. A uns dez passos de distância, Júlio parou. Ajeitou a gravata, que continuou torta, e passou a mão pelos cabelos desgrenhados. Na mão, trazia um papel. Larissa sorriu e, para sua surpresa, enterneceu-se: "ele havia trazido as perguntas".

História real
TODOS OS JOVENS EMPREGADOS SÃO SUSPEITOS

João Pedro é um homem volumoso. Seu cabelo totalmente branco e seu andar lento fazem-no parecer mais velho que os 58 anos que tem. Com um pesado suspiro, como se estivesse muito cansado, ele se senta na cadeira à frente de Aírton, seu mentor. É o primeiro encontro de mentoring; os dois acabaram de se conhecer. Falando como se fosse para si mesmo, a voz sem brilho e baixa, e sem olhar no rosto de Aírton, João Pedro diz: "Olá, que bom que estamos iniciando este trabalho. Já faz algum tempo, tenho pensado em buscar uma ajuda profissional e agora minha empresa está propondo este trabalho de mentoring para todos os executivos. Veio mesmo a calhar, estou muito feliz".

O contraste entre o que João Pedro falava e o que a sua postura corporal dizia era tão evidente que Aírton ficou em dúvida se acabara de ouvir uma ironia ou se estava presenciando um apagão da energia vital de seu interlocutor. Na dúvida, sorriu e respondeu: "Que bom, João Pedro! Vamos começar com boas expectativas e bastante disposição!". Há quanto tempo ele estava na organização? João Pedro respondeu: "Há 36 anos, e esse tempo passou com muita rapidez e pouca facilidade; chegar a diretor me exigiu muita dedicação". Ele fez uma pausa, olhou para Aírton e disse: "Uma dedicação que hoje não vejo nesses jovens que chegam à empresa e querem crescer rápido". Esta última frase foi dita com uma voz queixosa e ressentida.

"É mesmo? Está sendo muito complicado lidar com os jovens?", pergunta o mentor. João Pedro, pela primeira vez desde que o encontro teve início, respondeu com energia: "Não é exatamente complicado. É a preocupação em formá-los, em criar algo que mantenha a motivação deles, principalmente quando me aparecem com aquelas ideias e críticas sem nexo, querendo mudar tudo". João Pedro se transformou e sua voz, agora, era alta e nervosa: "Não foi assim que cresci na carreira. Aí, então, eu os coloco no devido lugar!".

Não havia se passado nem dez minutos da primeira reunião de mentoring e João Pedro já colocara ruidosamente sobre a mesa um tema para conversas que poderia se estender por quase um ano de mentoring.

A partir do segundo encontro, a questão da dificuldade de João Pedro com a nova geração de empregados, além das ideias que estes traziam, começou a ser explorada. "Como é para você esse desafio de viver, conforme você disse, tempos tão diferentes na organização e conviver com comportamentos que antes eram inaceitáveis?", perguntou Aírton. "O que você imagina que a empresa quer deles e de você?"

O diretor respondia, comparando a sua trajetória com o que imaginava que era a daqueles jovens colegas recém-chegados à organização. "Sempre tive muita dedicação ao trabalho, tenho orgulho de tudo que aprendi na prática, embora isso não queira dizer que eu despreze a teoria e a produção acadêmica. Para me atualizar, leio algumas coisas técnicas, converso com colegas sobre avanços e novas experiências, e sempre estou atento às soluções adotadas pelos concorrentes."

O que a empresa queria dele?

A pergunta deixou João Paulo perturbado. Ele contou que um alarme havia disparado dolorosamente em sua cabeça quando, em uma reunião com o seu superior, lhe foi sugerida uma nova função: trabalhar de maneira mais focada em campo, preparando e treinando equipes e garantindo aos jovens entrantes que desenvolvessem de maneira rápida as habilidades necessárias para um bom desempenho. "Isso me pareceu um retrocesso", disse. "Nos últimos três anos venho me dedicando a questões mais estratégicas, isso é que me traria realizações profissionais, e não executar uma tarefa operacional."

Essa proposta apresentada por seu superior, confessou ele, o havia paralisado. Nada ainda havia mudado; João Pedro continuava em suas funções de planejamento e análise de mercado, mas agora se sentia inseguro, confuso e infeliz diante da perspectiva de mudança em suas funções. "Não sei como me posicionar. Tenho medo de questionar essa sugestão e ouvir do meu chefe que não estou me saindo bem nas minhas funções atuais. Sinto que as forças me faltam e não consigo defender minhas posições."

Se João Pedro parecia ter um perfil conservador e se ressentia com os novos rumos que o trabalho na organização estava tomando, ele não era, de forma alguma, tolo. Acreditava que contestar e questionar os superiores, como faziam os jovens entrantes na organização, avaliar e criticar o *status quo*, fazer novas proposições eram fundamentais para a organização enfrentar os desafios de crescimento que eram colocados pelo mercado. Sabia também que a renovação constante se colocava, cada vez mais, como a única forma de a empresa e ele próprio se manterem competitivos. "Mas falta-me a força interna para sustentar minha posição e defendê-la diante dos demais."

Aírton detectava algumas questões que João Pedro poderia trabalhar. Por exemplo, exercitar a sua flexibilidade era, uma maneira de lidar melhor e perceber com mais clareza as mudanças organizacionais que estavam ocorrendo. E trabalhar a flexibilidade, Aírton explicava, devia ser entendido como rever sua estrutura de valores, suas crenças e seus princípios. Era preciso, também, ter mais disposição para alterar os processos de trabalho que vinha aplicando. Aírton perguntava até que ponto o diretor tinha, de fato, uma visão estratégica desenvolvida e voltada para resultados. Também questionava sua disposição para aceitar os próprios erros e as críticas, assim como sua, dita, tentativa de diminuir seu grau de resistência a mudanças e sua disposição para correr riscos.

Para gerar repostas inovadoras aos desafios colocados, é necessário ter um repertório também inovador. João Paulo dizia que se mantinha informado por meio de conversas com colegas e com "alguma" leitura técnica, mas era preciso mais. Se ele frequentava congressos? "Ah, não tenho tempo, a vida é sempre corrida no escritório", respondeu. "Mas, isso pode fazer a diferença entre manter ou não o seu emprego", alertava o mentor. "Por que não pensar em um MBA ou convidar alguma sumidade da sua área para uma palestra interna, matricular-se em cursos de especialização? As possibilidades, hoje, no País, têm sido cada vez mais interessantes", disse Aírton.

A essa altura do campeonato, continuava o mentor, era necessário sair da zona de conforto, estar à disposição para mudanças e aberto a novas estratégias de atuação. E, ainda, cultivar a curiosidade, a mãe de todas as descobertas. "Cuidar do vigor físico, fazer exercícios, caminhadas, verificar o nível de estresse são cuidados de grande importância e que têm, comprovadamente, reflexo sobre a nossa disposição em nos movermos de maneira física e também virtual", explicou o mentor.

João Pedro havia se referido mais de uma vez nas sessões de mentoring à sensação de que lhe "faltavam forças e não conseguia defender suas posições". Perceber isso era um bom primeiro passo para entender suas limitações e reunir coragem para enfrentá-las. Ele não se expunha para evitar críticas, retraía-se ao contato com os recém-chegados na empresa e, em relação à chefia, mantinha uma baixa interação, parecendo, também, não perceber de maneira clara qual era a contribuição que ele de fato prestava à organização.

Era o momento de trabalhar melhor sua visibilidade e de expor-se, ampliando sua autoconfiança. Talvez o mais indicado fosse um trabalho de *coaching*, voltado especificamente para a questão da confiança em si mesmo. Em relação à chefia, era fortemente recomendável que discutisse planos e propostas e que tentasse absorver, com leitura ou dinâmicas, técnicas de negociação e uma nova forma de firmar compromissos com o seu gestor. Por fim, um *assessment* poderia ter grande importância na elaboração de um inventário de suas competências, classificando as que eram fortes e as que ainda precisavam ser desenvolvidas. Este era um ponto importante para planejar sua carreira e saber gerir as oportunidades que surgissem.

Capítulo 11

UM PROJETO INADIÁVEL

Em um mundo em que as relações de trabalho e a expectativa das pessoas avançam na direção do que é ter uma vida profissional significativa, o mentoring é a melhor ferramenta disponível, adequando a necessidade de as organizações continuarem a produzir e a de seus integrantes desenvolverem o melhor de suas habilidades.

As dinâmicas de mentoring que apresentamos neste livro não são um modismo nem compõem uma proposta de gestão de recursos humanos meramente teórica, acadêmica, descolada das conjunturas históricas reais. Ao contrário, o processo de mentoring surge como uma das mais eficazes ferramentas para promover o crescimento pessoal e profissional dos vários *players* atuantes no contexto do trabalho no mundo corporativo atual.

Dizendo de outra maneira, o mentoring é a proposta mais eficiente para acertarmos o passo com essas profundas, radicais e velozes transformações pelas quais nossas relações com o trabalho, a sociedade e as nossas crenças já experimentaram na história.

Se tomarmos apenas as modalidades de produção que, uma geração atrás, eram conhecidas, dominadas e até certo ponto previsíveis, constataremos que elas se modificaram de maneira radical. Hoje, assistimos ao crescimento de uma polarização industrial, que se robotizou e se informatizou nas relações de negócios em escala global.

Organizações gigantescas surgiram, e elas já não têm um dono. Não se encontra nelas uma sala com as fotos dos fundadores ou dos funcionários antigos. São sociedades anônimas, sem pátria, sem memória, sem rosto e sem alma. O poder de decisão transferiu-se para os executivos, graduados e pós-

-graduados, que assumem o papel de gestores. Diferente do que estávamos habituados ou fantasiávamos, já não há mais certezas, mas, sim, a sensação de uma sociedade em trânsito permanente e com relações de curta duração.

As organizações, porém, nem sempre estão preparadas para processar todas essas rápidas transformações no mesmo ritmo em que o faz a sociedade contemporânea, já que as empresas necessitam se estruturar de uma maneira sólida, com equipes consolidadas, conscientes de suas atitudes, cujo comportamento seja voltado para o objetivo empresarial final.

Esse descompasso entre o ritmo empresarial e o avanço impele as organizações a investirem nas pessoas e a torná-las responsáveis por sua própria empregabilidade. Para que isso aconteça, é necessário que se invista na formação desses colaboradores e na carreira deles, até que alcancem o *status* de executivos. Simone Wolff, doutora em Ciências Sociais e autora de livros sobre relações de trabalho, fala da importância da instalação dessa política de mediação entre a organização e os colaboradores: "Na nova empresa flexível, integrada e informatizada, o envolvimento e a participação dos indivíduos em uma relação de trabalho colocam-se como um fator imprescindível para a produtividade".

As transformações sofridas pela sociedade e pelas organizações são parte da história. Não são nem boas nem ruins em si mesmas, mas uma mera constatação de que o mundo do trabalho se transformou, exigindo das organizações novas posturas e compromissos éticos e políticos inéditos. Mas, por mais impessoais, exigentes, centradas em resultados e objetivas que possam ser, as empresas continuam sendo formadas por pessoas, com toda a subjetividade inerentemente humana que, naturalmente, nos é conhecida.

Por esse motivo, o poder que emana da estrutura organizacional nas empresas tem a função de ordenar a multiplicidade humana, já que sem o controle desses impulsos seria impossível à organização funcionar e produzir seus frutos. Mas tal poder de ordenar, ao contrário do que possa parecer, não está nas mãos de algumas pessoas ou de grupos delas na estrutura organizacional. É o que se depreende das afirmações do psicoterapeuta francês Max Pagès, para quem o processo de mediação é constante, uma vez que funciona para prever e evitar não eventuais discordâncias conjunturais, que surjam pontualmente, mas conflitos provocados pelas contradições estruturais.

Além das recentes transformações sociais e corporativas já citadas, a tecnologia, como agente de mudanças, também tem um papel de peso nesta era de metamorfoses. Uma das consequências do avanço tecnológico é que passaram a existir novas interfaces, ou elementos de conexão entre seres humanos e processos, que, consequentemente, pedem novas pessoas para ocupar essas funções. Citando um último autor, o consultor americano William Bridges explica que essas interfaces não são meramente cargos técnicos, mas justapõem sistemas de valor, pressuposições, necessidades e linguagem; elas criam necessidades não satisfeitas. "Exigem indivíduos que sejam bons em intermediar, traduzir, interpretar, treinar, ligar e prestar serviços", diz.

Desse novo modo produtivo, surge, consequentemente, uma nova subjetividade, dado que as pessoas já não executam suas atividades de maneira mecânica, obedecendo sem discutir às ordens vindas de cima. O processo de trabalho agora se dá de tal forma que os colaboradores precisam ter conhecimento de toda a cadeia produtiva, comprometimento com a equipe e desenvolvimento de iniciativa para solucionar problemas que surjam de maneira repentina, além da capacidade de tomar decisões de maneira rápida, entre outros predicados.

Pelo exposto, há, portanto, uma urgente necessidade de harmonizar práticas de gestão de pessoas com modernidade organizacional e de gestão de conhecimento. Como fazer isso? Capacitando gestores a lidar com as particularidades individuais de desenvolvimento e de aprendizagem, afinando-as com experiências voltadas para o lado vocacional e de competências gerenciais. Quem deve fazer isso? Alguém capaz de observar e analisar o desempenho do indivíduo, de orientar a execução de suas atividades junto a outros grupos existentes na organização e de modelar as competências de que ele necessita para o seu crescimento integral. Quem é essa pessoa? É o mentor. E esse processo no qual lhe cabe o papel de inspirador e apoiador é o mentoring.

O mentoring se movimenta em uma via de mão dupla. Não há passividade entre as partes; ao contrário, trata-se de um jogo que resulta em autoconhecimento para os dois participantes, e são os dados coletados da história de vida do mentor e do mentorado que alimentam a metodologia dessa dinâmica e constituem as principais ferramentas para se auferir o resultado pretendido.

História de Vida, no contexto dso mentoring, é o relato dialógico, ou seja, em que há debates, discussões, reflexões entre um ou mais narradores, sobre sua existência ao longo do tempo. Não se trata de um simples relato factual, reducionista, mas uma tentativa de reconstruir o que se viveu e de transmitir, de maneira compreensível, as experiências que foram adquiridas. A intenção é compreender fenômenos complexos sob mais de um ponto de vista, o que deverá tornar possível a visualização dos eventos narrados sob diferentes perspectivas e com um foco pluralista.

As narrativas feitas pelo mentor e pelo mentorado reportarão acontecimentos que eles consideram significativos. São relatos que irão delinear seus perfis, revelar o que é a vida de ambos e desvendar suas relações com outros membros dos grupos em que convivem, seja na instância profissional, em sua camada social ou na sociedade mais ampla. Enfim, são relatos que mostrarão o que eles são.

Tais conversas, embora devam ser registradas por escrito e ter lugar em encontros com hora determinada para iniciar e se encerrar, só serão produtivas se acontecerem de maneira informal e livre. Não deve haver, por exemplo, a intervenção do mentor ou do mentorado para restabelecer cronologias, posto que avanços e recuos marcam as Histórias de Vida, e os dois participantes devem aprender que essas variações no tempo podem ser indícios que permitirão a formulação de inferências.

Os temas dessas conversas terão origem tanto naquilo que for explicitado pelas partes quanto no que não o tiver sido, mas que, mesmo assim, é parte integrante da história de cada um. Transformar o indizível no que pode ser dito é transformar em palavras as emoções e as ações, seja da própria pessoa ou de outrem, que foram vividas pelo narrador. É fazer o que está obscuro ganhar a luz e a nitidez proporcionadas pelas palavras e, ainda, descobrir que caminhos mentais a pessoa percorre para produzir seu conhecimento e saber.

O esforço que mentor e mentorado devem fazer é justamente o de tentar extrair de acontecimentos que presenciaram ou que protagonizaram as emoções – muitas vezes subjetivas, secretas – disparadas por esses fatos. Um dos sentidos da narrativa no mentoring é, também, propiciar uma explicitação e uma interpretação da própria vida dos envolvidos.

Para que todas essas "descobertas" sobre si e o outro aconteçam, mentor e mentorado devem estar abertos para assimilar outros saberes. Partir de um "pressuposto de ignorância", como se costuma dizer, permitirá a ambos os participantes entrar em contato com a face oculta da Lua, com o outro lado das coisas, mediante o bloqueio de pressupostos e conceitos preestabelecidos. É isso que lhes possibilitará superar a crença de que objetividade e subjetividade são incompatíveis, assim como compreender que esses elementos se condicionam e se excluem reciprocamente.

Esse jogo permite que mentor e mentorado se mostrem como sujeitos pensantes em seu plano individual, que revelem o DNA de que se compõe sua singularidade, que é incomunicável.

História real
JÉSSICA LUTA CONTRA A RAIVA

"Esta noite teremos uma reunião de emergência, pois acabaram de acontecer dois acidentes graves nos canteiros de obras de Recife e de Campinas."

Jéssica, a diretora administrativa de uma grande empreiteira, disparou essa convocação por *e-mail* para seus pares e subordinados diretos. Convocar a reunião para "esta noite" talvez não fosse a designação temporal mais adequada. Já eram 18 horas e, para a maioria dos diretores dali, isso era considerado quase noite fechada. Poucos eram os que se dedicavam até mais tarde ao trabalho. "Não é por acaso que ocorrem acidentes e a empreiteira vem ganhando cada vez menos concorrências", pensou Jéssica, com amargura, afundando-se em sua cadeira, desalentada.

"Não sei por que convoquei essa reunião. A reação e o marasmo dos diretores são tão previsíveis que até mesmo um estagiário poderia ir lá e dirigir os trabalhos", exagerava Jéssica do fundo de seu desânimo. Ah, e lá estaria também "Ivan, o Terrível", o gerente-geral. Homem grandalhão, seco, com uma sombria barba negra e palavras e gestos duros, com os quais Jéssica se confrontava o tempo todo. A truculência com que tratava os subordinados lhe valera o apelido. O grau de antipatia que Ivan devotava a Jéssica e aos demais diretores era diretamente proporcional à subserviência destes ao fundador, presidente e líder da empresa. Ivan, apesar de possessivo e diretivo, desarmava o espírito de seus liderados com sua maneira sedutora e carismática de gerir o negócio.

Jéssica se sentia impelida a agir. É verdade que estava passando por uma fase de grande turbulência na sua relação com a empresa, mas não se omitiria. Seu estilo direto e objetivo soava incômodo aos ouvidos de diretores acostumados a bons ganhos e a poucos posicionamentos. Havia problemas? Ora, era muito confortável ter um dono-presidente que assumisse os riscos das decisões, mas essa pessoa estava, literalmente, do outro lado do mundo: na China. A essa hora, por certo, ele dormia. "É a mim, Jéssica, que cabe resolver esse pepino."

Com esse cenário instalado em sua imaginação, a diretora levantou-se e foi até a sala de reuniões. Para sua surpresa, todos os convocados já estavam lá sentados, batendo papo, descontraídos, como se estivessem em uma *happy hour*. O choque de ver os colegas tão à vontade, enquanto ela, Jéssica, remoía pensamentos tão intensos, lhe injetou mais energia e decisão. Será que seu combustível era a raiva? A diretora guardou esse pensamento para ser examinado mais tarde, e decidiu: É agora! Ou tudo ou nada! Sentou-se à cabeceira e bateu a caneta na mesa, pedindo atenção. E, sem rodeios, foi direto ao ponto.

"Sabemos que o Miguel e o Márcio, os gerentes de obra em Recife e em Campinas, estarão expostos diretamente como responsáveis pelos acidentes. A presença da imprensa é um problema, e daqui a pouco estaremos nos noticiários. Já ativamos a assessoria de imprensa para redigir nossas declarações. É inevitável que o acidente que tivemos há menos de dois meses, também em Campinas, seja relembrado."

Jéssica parou para respirar e checar a reação dos demais participantes. Todos, evidentemente, ouviram suas palavras, mas ninguém se mexia. Ninguém parecia querer dizer alguma coisa. Não era com eles o problema.

Ivan, o Terrível, olhava fixo para ela.

"Daqui a pouco, cada um deles vai iniciar seu discurso vazio, livrando a própria cara e acusando os outros", Jéssica pensou. Então, decidindo ser mais assertiva, disse: "Nós sabemos também que não há, dentro desta empresa, uma atitude firme para cobrar e fazer as pessoas assumirem suas responsabilidades e muito menos exercer autoridade; somos muito paternalistas". Ivan começou a puxar a barba, um tique nervoso que antecedia suas observações ácidas.

"É preciso ter cuidado, algo deve ser feito, e rápido. Não podemos demorar, precisamos dar uma resposta, anunciar uma grande mudança, e anunciá-la para o mercado; de outra forma, a nossa imagem estará arruinada. Por favor, pelo menos desta vez, deixem de lado a comodidade e vamos tirar o traseiro da cadeira.". Jéssica abriu a palavra, pedindo sugestões, mas imaginando se não teria pesado a mão na última frase. Ivan achou que ela havia, sim, ultrapassado algum limite. Deu mais um puxão na barba e disse: "Escute, Jéssica, parece que você quer comandar e aparecer, só que a sua maneira grosseira e ansiosa, pressionando e reclamando pelos corredores, mostra quanto você está fora dos padrões da empresa".

Ivan, o Terrível, a chamando de grosseira diante de toda a diretoria? Isso era um pouco demais para o orgulho de Jéssica. "Você quer me dizer que estou fora da empresa, que vão me demitir por ser exigente em relação a resultados, mesmo todos reconhecendo as mudanças e melhorias na minha área?", Jéssica retrucou, elevando a voz. Porém, no tempo de uma batida de coração, ela percebeu que estava se deixando invadir pela raiva e que esse era um caminho perigoso, que não levava a lugar nenhum.

É incrível como nesses momentos de adrenalina o cérebro funciona na velocidade da luz. Ela se lembrou de Elbert, o seu mentor: "Sua agressividade faz você perder, mesmo tendo razão. Você é capaz de criar um clima acolhedor ou um ambiente resistente às suas ideias e propostas, só depende da sua intenção, da sua escolha", ele lhe havia dito em sua última sessão de mentoring.

Mais uma batida de coração, e Jéssica retomou o controle sobre si mesma. Desviou os olhos de Ivan e olhou com atenção para os participantes da reunião. Eles a encaravam com um ar maldosamente divertido. Queriam ver sangue, mas Jéssica iria lhes oferecer outra coisa. "Somos nós que sabemos o que é melhor para a empresa", disse. "Proponho usar a próxima hora para refletir sobre como vamos resolver esta crise. Se cada um usar sua experiência, propuser sua solução e disser o que fará imediatamente, poderemos formar uma boa decisão com a participação de todos."

Silêncio mortal na sala. Se ali, no vigésimo andar daquele prédio, houvesse grilos, eles se fariam ouvir. Alguns coçavam a cabeça e olhavam para o relógio, imaginando quando aquilo iria acabar. Outros enviavam mensagens pelo celular. Jéssica insistiu, diminuindo o tempo da partida: "Proponho que, na próxima meia hora, cada um pegue uma folha de papel, anote suas sugestões e as coloque na mesa para criarmos um material que seja o ponto de partida para a resposta que estamos procurando. E que é urgente!".

Começaram a trabalhar, ainda que sem muita profundidade. Jéssica, como se supervisionasse uma sala de aula, ia conversando com um e com outro, alimentando seus pares, criando perguntas: O quê? Como? Quando? Onde? Com o quê? Alguns se juntavam em grupos. Percorrendo a sala, ela foi reforçando as ideias com frases de incentivo. A raiva já a havia abandonado, e ela se sentia bem. A atividade ultrapassou em muito o tempo previsto. O próprio grupo se surpreendeu com a riqueza de alternativas que havia produzido, mas, ao final, a sugestão que recebeu mais apoio não parecia ter saído dos cérebros privilegiados de Harvard. Os gerentes seriam punidos, e seria apontado algum equipamento, fornecedor ou falha geológica como bode expiatório.

"É a decisão mais fácil para proteger a própria incompetência", comentaria Jéssica no encontro que teve com Elbert após o fato. "Além da punição dos responsáveis, o ideal seria formular alguns critérios para assegurar que isso não voltasse a acontecer mais. É evidente que ainda estamos longe de uma gestão madura, mas tivemos um certo avanço", afirmou.

Ao final da reunião, havia bastante material produzido pelos gestores que demonstraram, mesmo, algum entusiasmo pelo trabalho conjunto. Jéssica saiu contente com seu desempenho e, de certa forma, aliviada. Certamente, sua fama de pessoa encrenqueira havia sido abalada. Mas, acima de tudo, tinha sido um aprendizado conter sua ira, fazer perguntas, ser ouvida e conseguir estabelecer acordos entre seus pares.

História real
O CHUTE NA BESTA

A comissão do sindicato chegou de madrugada ao portão da empresa. A ideia era fazer um corpo a corpo com os empregados que entravam no primeiro turno, às 6h45. Panfletos foram distribuídos, denunciando a empresa de estar empurrando a negociação de reajuste salarial com a barriga. Dali a três dias haveria uma assembleia no sindicato para decidir a melhor forma de "pressionar os patrões". Todos os funcionários estavam convidados. Um carro de som, parado bem diante da portaria, entremeava forrós e pagodes com palavras de ordem dos sindicalistas. O som estava tão alto que fazia chacoalhar as vidraças e acordava os moradores do edifício no outro lado da avenida.

O carro de som, uma perua Kya Besta, estava mal encostado, atravancando a portaria utilizada pelos diretores para chegar ao estacionamento VIP. Para entrar, era preciso desviar pela esquerda, subir com duas rodas em uma calçada e passar rente ao grande portão de ferro. O diretor de operações, que chegava cedo, parou a sua Land Rover Discovery prata ao lado da Besta. O carrão era grande demais para passar. Buzinou e acelerou, mas ninguém lhe deu atenção; então, desceu e começou a discutir. Um sindicalista, pelo alto-falante, disse que o burguês estava nervosinho.

O diretor deu um chute na porta da Besta, e o dono da perua, que a alugara ao sindicato, respondeu com um empurrão. O diretor caiu no chão. Os seguranças da portaria correram em seu socorro, e os sindicalistas vieram do outro lado. Confusão, gritos, mas a turma do deixa-disso prevaleceu. À tarde, os sindicalistas voltaram, distribuindo novos panfletos. Acusavam a direção da empresa de tentar atropelar um de seus membros e a segurança, de agredir outro companheiro pelas costas. Convocavam os empregados para uma greve. O carro de som não veio.

Se o ambiente da empresa já estava tenso, com as pessoas ansiosas e irascíveis com a queda dos resultados nos últimos meses e o grande número de reclamações dos clientes, o chute na Besta tornou o ar irrespirável. E, pior: o episódio se dera um dia antes da grande reunião, para a qual todos os diretores haviam sido convocados. A presença confirmada do número dois da corporação na reunião dava a dimensão com que a matriz enxergava a gravidade da crise. Estavam em questão Josué, o presidente, e a sua equipe.

O encontro prometia ser duro. Todos teriam de se expor diante das diferenças e dificuldades que o grupo enfrentava. Foi pedido a cada executivo que mostrasse o que estava fazendo para tentar tirar a organização da crise. Eurídice, diretora de RH, também estava tensa. Sabia que seria cobrada pelo apoio à área comercial e à de operações, nas quais desenvolvia seus mais importantes projetos. Além disso, nas últimas 48 horas ela fora lançada no olho do furacão, pois a negociação sindical, que já vinha sendo mal encaminhada, transformara-se em uma catástrofe para a empresa, com os sindicalistas ganhando poder de fogo com os últimos acontecimentos.

Eurídice tentava lutar contra um sentimento de vingança, que considerava infantil: queria que a empresa perdesse a parada e os sindicalistas conseguissem arrancar o maior índice de reajuste possível. A mágoa era porque Josué decidira tomar para si a negociação com o sindicato, jogando-a para escanteio. Para ele, era ponto de honra não dar um centavo além do que os *stakeholders* haviam decidido.

O presidente havia pedido estudos e designado o vice-presidente de finanças e o responsável pelo departamento jurídico para as primeiras reuniões com o sindicato. Por esse motivo, Eurídice tinha pouquíssima informação sobre o andamento; só sabia o que se dizia pelos corredores. A iniciativa também foi mal recebida pelos sindicalistas, que queriam falar diretamente com o RH da empresa. Só agora, quando a questão dera entrada na UTI, o problema era devolvido para o RH.

Eurídice se sentia frustrada e desqualificada pela direção da empresa. O presidente a considerava incompetente para construir uma solução estratégica e de negócio, e a achava lenta para decidir. Dissera isso aos outros executivos. Nas reuniões, chegava a irritar-se com ela: "Você é muito operacional; não entende de estratégia e, menos ainda, de números". Josué nunca havia lhe dado um *feedback* construtivo.

Naturalmente, Eurídice se ressentia desse tratamento. Explicava ao seu mentor, Aristeu, que não queria ser vista pelo presidente e pelos demais membros da diretoria como uma vítima queixosa. Chorar não adianta nada. Mas qual seria, então, a melhor maneira de conduzir esta situação? Como ser ouvida, respeitada e ter as suas propostas e decisões levadas em conta?

Teve início, finalmente, a tão esperada reunião. Todos estavam em seus lugares com o ar de severos juízes. Os primeiros minutos pareceram uma eternidade para Eurídice. "Estou numa corte sendo julgada, não tenho escapatória, chegou a minha hora, é tudo ou nada", foram os pensamentos que perturbaram a sua cabeça e bambearam as suas pernas. A palavra lhe foi passada. Eurídice respirou fundo, levantou-se e foi até a frente do auditório para iniciar sua exposição.

Enquanto caminhava, recordava da conversa com Aristeu: "Seja presente! Tome conta de você e defenda com amor aquilo em que acredita! Olhe nos olhos deles e diga o que pensa! Inspire-se com o futuro cheio de possibilidades!". Essas frases impulsionaram sua energia. Ela sentiu calor no corpo e clareza em seu pensamento. Iniciou sua apresentação. Sua voz saiu calma. Sabia o que tinha a propor. Lembrou-se do cuidado com que se preparou e agradeceu intimamente à sua equipe pelo apoio e pela qualidade das informações.

Aos poucos, foi percebendo que as pessoas também estavam relaxando e prestando atenção às suas palavras. Atenta às críticas de Josué, discorreu pela primeira vez sobre necessidades do negócio. Falou de soluções possíveis e suas consequências. Enumerou os recursos necessários e os obstáculos a serem superados. Expôs com objetividade formas e prazos com os quais poderia e queria se comprometer. Solicitou a participação de todos para o apoio de que sua área precisaria. Teve interrupções, principalmente do diretor de operações, que foi bastante agressivo e tentou desqualificar sua atuação, mas ninguém se importou com os seus comentários. "Foi ele quem chutou a Besta?", perguntavam, baixinho, os participantes da reunião que trabalhavam em outras unidades do grupo.

Eurídice terminou a apresentação. De volta à plateia, percebeu que, em muitas ocasiões anteriores, seu fracasso se media pela facilidade com que ela se enganchava emocionalmente nos comentários ou comportamentos daqueles que considerava pessoalmente ofensivos. Com a participação decisiva de seu mentor, ela descobriu o valor de manter-se neutra, de começar a lidar com objeções e diferenças sem se desesperar e, principalmente, do poder mágico de sentir, que se fez presente em suas propostas. O sentimento de impotência e de desmerecimento que experimentara em outras ocasiões, dessa vez não estava em seu coração.

Reunião terminada, ela estava agora em sua mesa. Agradeceu a si mesma e desfrutou por um bom tempo da sensação já quase esquecida de tranquilidade e segurança. Prometeu a si mesma que trabalharia para fazer esse sentimento crescer. Oportunidades não lhe faltariam. O presidente, cujo destino ainda seria decidido pela matriz, havia feito um *mea-culpa* sobre o encaminhamento da questão sindical. A negociação passaria agora para as mãos da diretora do RH.

Um som estridente tirou Eurídice de seus pensamentos. Lá fora, na entrada da empresa, uma música começou a ser tocada no último volume. Parecia pagode. Os vidros da janela chacoalhavam no ritmo das notas graves. "Companheiros!", gritava uma voz amplificada: "A luta continua!".

Capítulo 12

UMA PALAVRA AOS LEITORES

Durante todos os anos em que venho atuando neste vasto e sempre renovado universo dos Recursos Humanos, nunca deixei de me encantar com a beleza, a delicadeza e a generosidade que surgem entre as pessoas que participam de um processo de mentoring.

Quando um mentor oferece seu tempo, sua energia e seus pensamentos a um mentorado, com o único e sincero desejo de se tornar útil ao seu parceiro mais jovem ou menos experiente, ele traz à tona a que é, talvez, a nossa melhor qualidade humana: o desejo de doar para as gerações futuras o conhecimento e a experiência que acumulamos, não raro com grande sofrimento, ao longo da vida.

O que se ganha em troca? Não é dinheiro, porque grande parte das modalidades de mentoring é feita por voluntários. Fama e prestígio? Também não é o motor principal, já que mentores costumam estar entre os mais destacados profissionais da organização, e os mentorados também não recebem tal tipo de recompensa.

O que movimenta o mentor é o impulso para que seu saber não se perca e, mais ainda, transforme a vida das pessoas, mesmo depois que ele tiver saído de cena. É o único momento em que, de certa maneira, podemos triunfar sobre a morte, sobre o cerrar das cortinas. De sua parte, o mentorado abre mão da vaidade, das certezas pétreas. Reconhece o outro e o acata de coração aberto.

O que pode ser mais belo do que esse exercício de generosidade e humildade?

Conheci homens e mulheres de negócios, empreendedores, ambiciosos e vitoriosos, que, ao chegar à maturidade, só se sentiram realizados e em paz consigo mesmos por terem tido essa bem-aventurada oportunidade de legar seu conhecimento e beneficiar os outros. Dinheiro, conforto e reconhecimento eram percebidos como uma justa recompensa por seu talento e sua energia, mas o ciclo só se concluiria de uma maneira feliz se eles se convencessem de que haviam deixado um legado que faria a diferença para seus mentorados, para a empresa ou para a sociedade.

Além de saber, pelas inúmeras experiências como mentora ou orientadora de processos de mentoring, quão profunda e recompensadora essa prática é para os indivíduos que nela se engajam, também me motivou a escrever este livro a firme convicção de que o mentoring é um eficientíssimo, e urgente, instrumento, do qual o empresariado brasileiro pode se valer para alcançar o mesmo patamar de eficiência e prosperidade dos empreendedores de países mais desenvolvidos.

O mentoring, gosto sempre de frisar, é uma prática para a vida. Talvez não possa ser medido no balanço empresarial naquele ano ou no do ano seguinte. Mas talvez seja a garantia de que aquela empresa estará viva dali a 50 anos.

Ao lado das considerações sobre as práticas do mentoring, trago para os leitores diversas situações reais, ocorridas com mentores e mentorados, que, acredito, servirão para deixar mais claros os benefícios que essa dinâmica é capaz de trazer para as pessoas. Todas as situações mostradas foram vividas por mim, na condição de mentora ou facilitadora do processo em algumas organizações. Nomes e outros detalhes foram modificados para preservar o sigilo, tão necessário ao mentoring.

Como palavra final, gostaria de agradecer ao tempo que vocês, leitores, dedicaram à leitura dessa obra. Escrever este livro me deu grande prazer. De certa maneira, ele representa, como acontece com os mentores, um legado do que vivi e aprendi com os homens e as mulheres que me honraram profundamente com sua confiança ao abrir seus corações e mentes para revelar o mais íntimo de seus sonhos, de suas dúvidas, de sua forças e de sua esperança de, também, poder se tornar pessoas melhores.

Eu também os recebi de coração aberto, e suspeito que aprendi muito mais do que lhes passei conhecimento. É com toda a sinceridade das minhas intenções que dedico esta obra a você

História real
NUNCA MAIS SEREMOS OS MESMOS

Sara nunca teve medo de avião; o que lhe causava pânico eram as salas de espera dos aeroportos. Atrasos, cancelamento de voos, nervosismo de passageiros, tudo aquilo a deixava entediada e ansiosa. Sara viajava pelo menos duas vezes por semana para diferentes capitais do país, atendendo a grandes empresas, CEOs, diretores. Era *coacher*, mentora, orientadora de carreiras. Depois que entrava no avião, relaxava, e chegava animada e alegre às reuniões e aos atendimentos.

Naquela quinta-feira, não foi diferente; irritou-se enquanto aguardava a decolagem em São Paulo, mas desembarcou em Belo Horizonte positiva e animada. Sara iria para uma reunião especial: o encontro de encerramento do terceiro ano consecutivo de mentoring em uma empresa mineira do ramo de alimentos. Ela também participara do fechamento dos processos nos dois anos anteriores, mas este lhe parecia especial.

Quando fora convidada para organizar o processo de mentoring, a diretora de RH da organização, Estefânia, explicou-lhe que a empresa se preparava para iniciar um processo de expansão que almejava o mercado externo. "Somos mineiros, uai! Queremos fazer isso de maneira cautelosa e sem afobamento", comentou à época, brincando, a diretora. Claro, seriam contratados profissionais no mercado, mas a organização considerava que havia acumulado um relevante conhecimento interno, que não deveria ser desperdiçado.

Também queria que seus executivos e funcionários seniores se mantivessem sintonizados não apenas com as novas técnicas e tecnologias, o que faziam em palestras, cursos e congressos, mas também que fortalecessem seus vínculos com uma nova geração que costumava chegar à empresa pelos programas de *trainee*. O mentoring, dizia Estefânia, parecia a ferramenta mais adequada para isso.

Na terceira geração, o processo estava maduro. Os primeiros mentorados já haviam recebido suas promoções e poderiam, portanto, avaliar o reflexo da experiência de mentoring em suas carreiras. Também os mentores poderiam dizer de que maneira a influência das ideias dos jovens funcionários havia mudado sua maneira de pensar e agir. Era, portanto, uma oportunidade rica para Sara.

Naqueles três anos, os *feedbacks* do pessoal de Recursos Humanos sempre haviam sido positivos. Queriam, inclusive, discutir a implantação do quarto ano da dinâmica. Sara se impacientava com o trânsito lento da capital mineira e a grande distância que separava o aeroporto da empresa. Estava ansiosa para ouvir os relatos. Quem sabe a experiência até não lhe inspiraria a escrever um livro? Além do pessoal do RH, os mentores e os mentorados também estariam presentes e se reuniriam com ela pela manhã e à tarde, respectivamente.

Estefânia abriu a reunião na qual estavam os mentores. Comentou que o mentoring já havia sido absorvido de tal maneira pela organização que se tornara parte integrante da sua política de RH. "Hoje, nossos integrantes consideram a passagem por esse processo, como mentores ou mentorados, algo natural e desejável. Quando fazem seus planos de ação, os líderes já inserem o processo de mentoring como uma de suas etapas básicas."

Embora já houvesse um relatório com as principais impressões dos participantes do mentoring e da direção da organização sobre o impacto da dinâmica, Sara considerou importante que os participantes se manifestassem diante de seus pares para relatar de que maneira avaliavam a prática. Dividiu-os, então, em grupos e pediu-lhes que discutissem entre si e chegassem a uma resposta para a seguinte pergunta: como a prática do mentoring agrega valor aos líderes e à empresa?

As respostas foram riquíssimas. Todos disseram ter percebido um aumento de sinergia na organização. "Houve quebras de barreiras"; "o relacionamento tornou-se mais franco e direto", diziam. Embora a liturgia inerente aos cargos fosse mantida, a rigidez hierárquica já não estava mais presente. "Acho que nós, líderes, também nos tornamos mais disciplinados", disse Miguel Augusto, um dos participantes, para a risada geral. "Sem dúvida, nosso foco se transformou e, hoje, pensamos mais no desenvolvimento sustentável de nossas ações e estamos cada vez mais estamos para evitar que a pressão pela entrega de resultados se sobreponha às pessoas."

Miguel Augusto também expôs um ponto que considerava uma mostra inegável dos bons resultados trazidos pelo mentoring. "Toda empresa, e a nossa não foge disso, tem uma matriz para a solução de problemas; é a cultura, o jeito próprio de cada organização resolver os desafios do seu cotidiano. O que eu percebo é que, nestes últimos três anos, a nossa matriz se tornou mais criativa e mais clara para os seus integrantes; certamente, isso é resultado do estreitamento de nossas relações internas, da disseminação de nossos valores para os mais jovens e da facilidade com que nós, os mais velhos, passamos a aceitar as opiniões dos outros."

À tarde, Sara também dividiu os mentorados em grupos. Foi-lhes perguntado se consideravam possível ser mentores, um dia. "Sim, nós conseguimos nos ver como mentores; também achamos que temos valores para passar, tanto em nossas próprias áreas, na empresa, como fora daqui, com as pessoas com quem convivemos no dia a dia", disse Verena, uma *trainee* que acabara de ser efetivada.

Os mentorados também percebiam que participavam de uma organização em que a hierarquia não compartimentava seus integrantes, tornando difícil o acesso e impedindo que suas opiniões fossem levadas a sério pelos superiores. Especialmente em relação aos seus mentores, afirmavam que se sentiam tratados, e por sua vez os tratavam, de igual para igual. Mas um comentário feito por Vinícius, que trabalhava na área de Marketing, chamou a atenção de Sara: "O melhor é perceber que, agora que terminamos este ano de mentoring, não vamos voltar ao degrau mais abaixo em que estávamos. O nosso crescimento é sustentável, estamos um andar acima, nunca mais seremos os mesmos!".

Na sala de espera do Aeroporto de Confins, aguardando o voo para São Paulo, que estava atrasado, Sara refletia e fazia anotações sobre o que ouvira nas reuniões daquele dia. De tão entretida, esquecera-se de entrar em pânico. Estava feliz em ver mais uma vez confirmada sua tese pessoal sobre o porquê de o mentoring, quando bem conduzido, trazer bons resultados.

O segredo é que o mentoring não é uma simples técnica de motivação, uma coleção de comportamentos condicionados e artificiais. "O mentoring", pensava Sara, "lida com o que o ser humano tem de mais humano, que é a compaixão, o desejo altruísta de que os outros sejam felizes e consigam superar seus problemas". Um mentor e um mentorado que não cultivem esse sentimento e que queiram simplesmente usar o mentoring para proveito próprio não terão sucesso. Seus encontros serão improdutivos e não haverá troca de experiências, pois nenhum deles se interessará pelo outro.

Sara suspirou. O horário de embarque havia sido postergado mais uma vez, e ela começava a se irritar. Reparou nas pessoas à sua volta e puxou da memória uma das suas "teorias de aeroporto", como ela costumava dizer: "Há um adestramento sutil no modo de agir das pessoas que estão ascendendo na escala hierárquica", pensou. "Têm um ar distante, não olham os outros nos olhos, sentam-se ao lado umas das outras, mas investem uma atenção exagerada e teatral em seus celulares e computadores. Parece que estão encarregadas de coisas tão graves e urgentes que, se pararem de dar ordens, de tomar providências ou de consultar documentos, mesmo por um segundo, as empresas irão falir em massa, a Bolsa irá cair, faltará petróleo, as vacas não darão leite e o país entrará em colapso."

Mas uma conversa ao seu lado lhe chamou a atenção. Eram dois jovens adultos, um homem e uma mulher, que talvez ainda não tivessem chegado aos 30 anos. Sara já havia observado de canto do olho como o rapaz observava a moça com insistência. Parecia paquera, mas não era. Havia uma certa angústia, uma aflição nele. Agora, ele dera um jeito de entabular uma conversa, que Sara ouvia já começada. Estavam se conhecendo; falavam de suas famílias, de uma sobrinha recém-chegada e da avó que faria uma cirurgia.

Logo o assunto resvalou para o trabalho. O rapaz estava preocupado, porque o diretor que o havia trazido para a empresa fora demitido. Ele estava noivo, já comprara um apartamento e preocupava-se com a possibilidade de também ser demitido. À medida que falava, sua voz foi se tornando baixa, deprimida, pessimista. Quando a moça falou, a voz dela era um pouco mais vibrante e cristalina do que há poucos minutos. Ela dizia ao rapaz que não havia motivo para se sentir derrotado, pois ele era muito jovem e cheio de energia. Dizia que tudo aquilo era apenas uma contingência da vida corporativa, que não era para ser visto como um fracasso. "Você não tem uma formação sólida? Não gosta do que faz? Por que, então, não vai conseguir outra colocação tão boa ou melhor que a atual?", ela dizia, colocando-se como exemplo e contando que já havia passado por uma coisa muito parecida dois anos atrás.

Sara levantou-se sem ouvir o restante da conversa; seu embarque havia começado. Sentia-se tocada. Compaixão. Era exatamente essa a sua melhor e mais séria teoria de aeroporto. Ela sabia, com 99% de certeza, que o jovem havia visto naquela moça uma pessoa disposta a ouvi-lo e capaz de dar respostas à sua inquietação. Um sentido oculto em seu cérebro o havia alertado de que ali haveria alívio para sua aflição. Um vínculo, uma conexão. Era mágico assim. Certamente, aqueles poucos minutos de destemor despertariam uma força oculta nele. Imagine, então, isso sistematizado e repetido durante um ano? Era assim que o mentoring se desenhava na mente de Sara.

Ela já estava na fila para embarcar no *finger*. A identidade... Sara não a encontrava em sua bolsa enorme. "Bolsa de mulher", pensou, enquanto procurava o documento. Mas, antes mesmo de encontrá-lo, Sara achou algo inesperado: um cartão, no qual ela anotara um pequeno ditado judaico que já havia, inclusive, citado em um projeto de mentoring que apresentara recentemente.

"Para ser sábio, escute a sabedoria dos mais velhos, busque a essência das coisas e encontre o divino que existe em você."

Essa é a mágica.

Contato com a autora:

rbernhoeft@editoraevora.com.br

Este livro foi impresso pela Assahí Gráfica
em papel Lux Cream 70 g.